Herbst und Halloween

Liebe Pädagoginnen und Pädagogen,

woran denken Sie beim Stichwort „Herbst“? Denken Sie an Regen, Wind und starke Stürme oder fallen Ihnen zuerst bunte Blätter und reife Früchte ein? Vielleicht erinnern Sie sich aber auch an die vielen verschiedenen Herbstfeste?

Egal was der Herbst für Sie darstellt, er fasziniert jeden auf seine Weise. Der Herbst, das ist der Maler unter den Jahreszeiten. Tief greift er in seinen Farbtopf und taucht alles in orange-rot-braune Töne. Was gibt es da Schöneres, als draußen in der Natur herumzustöbern, um den Herbst mit all seinen Wundern und Veränderungen ausgiebig zu entdecken? Suchen Sie mit den Kindern die Naturerscheinungen dieser interessanten Jahreszeit und erleben Sie den Herbst mit allen Sinnen. Gerade bei schlechtem Wetter sollten Sie eine Erkundungstour durch die Natur starten. Für die Kinder wird es ein Vergnügen sein, in Gummistiefeln durch Pfützen und Matsch zu stampfen und Wiesen, Felder sowie Wälder zu durchforsten.

Ein ganz anderes Herbsterlebnis ist Halloween. Wie schön ist es, wenn man sich richtig gruseln darf. Lassen Sie sich mit den Kindern auf dieses gruselige Abenteuer ein und stellen Sie sich dem Nervenkitzel. Kinder, die bei den unterschiedlichen Angeboten eigene Ängste und Unsicherheiten überwinden, werden stolz auf ihre Erfolgserlebnisse sein. Die Spannung, sich vor Geistern zu gruseln und doch zu wissen, es gibt sie eigentlich gar nicht, macht wohl den besonderen Reiz des Gruseligen aus.

Wir wünschen Ihnen und den Kindern bei den bevorstehenden Herbsterlebnissen viel Spaß.

Gabriele Wensky Sandra Hänsch

Gabriele Wensky und Sandra Hänsch
leiten als Sozialpädagoginnen eine AWO-Kindertagesstätte in Hildesheim.

Inhalt

Projektrahmen

Aktionen

Service

Der Herbst

Ein Blick in den Kalender sagt uns, der Herbst beginnt am 23. September und endet am 21. Dezember. Allerdings scheint sich die Natur an diese kalendarische Bestimmung nicht so genau zu halten. Können wir die ersten Ankündigungen der dritten Jahreszeit doch bereits Ende August wahrnehmen, wenn sich die Sonne langsam zurückzieht, die Temperaturen sinken und die Tage merklich kürzer werden.

Herbst, das heißt Abschied nehmen von den hellen warmen Tagen, von leichter, luftiger Kleidung und dem saftigen Grün der Wiesen. Nach und nach verlieren die Bäume ihre Blätter. Es wird stürmisch, regnerisch und kalt. Manchmal fallen sogar schon die ersten Schneeflocken. Jetzt ist es wichtig, auf die angemessene Kleidung zu achten, um Erkältungen und Grippe vorzubeugen. In dieser nasskalten Jahreszeit ziehen wir uns in unsere warmen Wohnungen zurück. Es beginnt die Zeit des Kerzenlichts, der Gemütlichkeit und zuweilen auch der Melancholie.

Der Herbst mit seinen Naturerscheinungen ist sehr reizvoll. Deshalb sollten wir uns keinesfalls verkriechen. Entdecken und beobachten Sie mit den Kindern das Geschehen in der Natur. Genießen Sie die herbstliche Pracht mit allen Sinnen. Sie werden feststellen, dass Sie den Herbst sehen, riechen, schmecken, hören und fühlen können.

Sehen:

Der Herbst ist die Zeit der schönsten Farben. Mit dem Herbst beginnt die bunteste Jahreszeit, verfärben sich die Blätter an Bäumen und Büschen.

Riechen:

Der Herbst ist die Zeit der Feuchtigkeit. Sie lässt den Wald nach Moder, Humus und nach Pilzen riechen.

Schmecken:

Der Herbst ist die Zeit des Erntens. Obst und Beeren sind reif und laden zum Probieren ein.

Hören:

Der Herbst ist die Zeit der Geräusche. Lautstark und pfeifend pustet der Wind durch die Natur und zeigt seine Kraft. Die Blätter rauschen und beim Spaziergang raschelt das heruntergefallene Laub unter den Füßen.

Fühlen:

Der Herbst ist die Zeit der Nässe und der Kälte. Wir spüren, wie sie sich ihren Weg durch unsere Kleidung bahnt.

Warum verfärben sich die Blätter?

Im Herbst bauen die Bäume den grünen Farbstoff ihres Laubes ab und lagern die wertvollen Bestandteile im Stamm oder in den Wurzeln ein. Dadurch werden andere Farbstoffe, die bisher vom Grün überdeckt wurden, sichtbar. Der erste Frost verändert diese Laubfärbung noch einmal.

Tiere und Pflanzen im Herbst

Die Tiere und Pflanzen bereiten sich im Herbst auf den bevorstehenden Winter vor. Beobachten Sie mit den Kindern, wann und wie diese Vorbereitungen beginnen.

Die Natur im September

Langsam verfärben sich die ersten Blätter, können die frühen Birnen- und Apfelsorten geerntet und die ersten Früchte der Rosskastanie aufgesammelt werden. Typische Zeichen dieser Vegetationsphase sind die Fruchtreife des Schwarzen Holunders, der Hagebutten, der Brombeere und der Herbstzeitlosenblüte.
Die Tiere fangen an, sich Winterspeck anzufressen. Marienkäfer und Florfliegen suchen ihr Überwinterungsquartier. Ende September verkriechen sich Siebenschläfer, Haselmäuse, Garten- und Baumschläfer bis zum Mai in ihre Boden- und Baumhöhlen sowie Nistkästen. Fledermäuse suchen bevorzugt Höhlen auf. Und auch die Ringelnatter zieht sich nun bis zum April in verlassene Erdhöhlen, Baumstuben oder frostsichere Keller zur Winterruhe zurück.

Die Natur im Oktober

Die Natur bereitet sich weiter auf den Winter vor. Und selbst die Sonne, die mittags nur noch in einem Winkel von 20 Grad scheint, hat keine Kraft mehr. In diesen Wochen verfärbt sich das Laubgrün der Bäume und Sträucher allmählich in leuchtendes Rot oder Gelb, um sich danach in braune Töne zu verwandeln und schließlich von den Bäumen zu fallen. Der Laubfall der Bäume kennzeichnet den Beginn des Spätherbstes, der je nach Temperatur und Sonneneinstrahlung etwa Mitte Oktober beginnt.
Nur wenige Baumarten behalten den Großteil ihres verfärbten Blätterdaches bis zum Frühling, wie z.B. Buchen (besonders die Hainbuche) und Eichen.
Die letzten Wiesen und Felder werden abgeerntet. Reptilien, Kleinsäuger, Insekten und Schnecken finden dort jetzt nichts Fressbares mehr. Sie müssen nun ihre Winterverstecke aufsuchen. Die Bienen beginnen mit dem Verkitten ihrer Einfluglöcher. Die Schnecken verkriechen sich in der Erde und „deckeln“, d.h. sie verschließen ihre Gehäuseöffnung. Der Igel sucht sein schützendes Versteck in Stein-, Laub-, Reisig- und Komposthaufen auf.
Der Haarwechsel bei Schalenwild, Hase und Fuchs beginnt, wobei die jüngeren Tiere ihr Haarkleid zwei Wochen eher wechseln als die Alttiere. Der Haarwechsel im Herbst ist nicht so offensichtlich wie der im Frühjahr, da kein altes Haar abgestoßen wird.

Das fröhliche Vogelgezwitscher verstummt weitest gehend, da sich unsere Zugvögel auf den Weg in wärmere Gefilde aufmachen. Rauch- und Mehlschwalbe ziehen in großen Schwärmen Mitte bis Ende Oktober fort. Verschiedene Gänsearten, z.B. die Kanadagans, kann man nun bis März über unser Land fliegen sehen. Die daheim gebliebenen Vögel schützen sich vor der kälteren Witterung durch aufgeplustertes Gefieder.

Die Natur im November

Der Winter naht. Die Tage sind nass und grau. Die Sonne hängt nur noch matt über dem Horizont. Im nassgrauen Licht wirken die kahlen Bäume wie Gespenster. Überall tropft es von den Bäumen. Die Nachttemperaturen erreichen manchmal schon den Gefrierpunkt.
Die Bäume verlieren ihr letztes Laub. Vögel ziehen an der Frostgrenze entlang durchs Land. Die letzten Zugvögel ziehen in den Süden, z.B. der Hausrotschwanz, während andere Vögel wie Seidenschwänze, Bergfinken, Tannenhäher aus Nord- und Osteuropa zum Überwintern zu uns kommen. Jetzt suchen auch die Wespenkönigin und die Hummel ihr Winterversteck auf. Und je nach Witterung ziehen sich spätestens nun auch die Haselmäuse zurück.
In diesen Wochen beginnt die Brunftzeit der Wildschweine, die bis zum Januar dauern wird. Und der Rehbock wird in dieser Zeit sein Geweih abwerfen.

Halloween

Der Herbst bietet nicht nur zahlreiche Naturphänomene, sondern auch viele Feste und Brauchtümer. Eines dieser Feste ist Halloween.

Der Ursprung des Festes

Schon vor über 2000 Jahren feierten die Kelten im alten England am 31. Oktober das Fest Halloween, das damals „Samhain" hieß.
Mit großen Feuern verabschiedeten sich die Kelten vom Sommer und begrüßten den Winter. Sie bedankten sich für ihre Ernte und gedachten den Seelen der Verstorbenen.

Die Kelten glaubten, dass die Seelen der Verstorbenen in der Nacht vom 31. Oktober als Geister auf die Erde zurückkommen und in ihre Häuser zurückkehren. Sie vermuteten, dass die sogenannten „bösen" Geister und heimatlosen Seelen trotz der großen Feuer ihren Weg nicht fanden, verzweifelt umherirrten und nun friedliche Menschen erschreckten. Daher scheuten sie keine Mühen, die „bösen" Geister mit aufwändigen, Furcht erregenden Verkleidungen zu erschrecken und zu verjagen.
Eine andere Legende besagt, dass sich an diesem Tag die Verstorbenen auf die Suche nach dem Körper eines Lebenden machen, um ihn für das nächste Jahr in Besitz zu nehmen. Da die Lebenden ihre Körper behalten wollten, versuchten sie diese abzuschrecken, indem sie alle Herdfeuer löschten. Dadurch wurden ihre Häuser kalt und unfreundlich. Außerdem verkleideten sie sich möglichst Furcht erregend und paradierten zerstörerisch und laut durch die Straßen.

Aus Samhain wird Halloween

Etwa 800 Jahre n. Chr. erklärte der Papst den 1. November, also den Tag nach dem 31. Oktober, zum Feiertag „Allerheiligen". Seither wird an diesem Tag der christlichen Märtyrer gedacht. Auch der Name des Festes änderte sich und aus „Samhain" wurde das „Fest am Vorabend zu Allerheiligen". Auf englisch heißt „Allerheiligen" „All Saints" und der Abend davor „All Saints Eve". Daraus entstand später „All Hallowmas Eve" und letztendlich „Halloween".

Halloween als Gruselprojekt

Da viele Kinder den Nervenkitzel des Sich-Gruseln-Wollens lieben, eignet sich Halloween hervorragend für ein Gruselprojekt. Der Herbst mit dem ersten Nebel und dem Einbruch der Dunkelheit gibt den Kindern die Möglichkeit, ihre Fantasien und Ängste auszuleben.
Für Kinder hat die Welt der Geister noch eine große Faszination. Sie leben in einer Mischung aus Fantasiewelt und Realität. Erst im zunehmenden Alter wächst ihr Wirklichkeitsbewusstsein. Deshalb sind sie auch schnell für gruselige Geschichten, Mutproben und andere Aktionen zu gewinnen. Das Sich-Erleben und Hineinversetzen in ungewöhnliche Situationen und gruselige Aktionen stellt für Kinder eine Herausforderung dar, deren Bewältigung ihnen viel Spaß macht.
Probieren Sie es aus. Führen Sie mit den Kindern ein Gruselprojekt durch. Sie werden feststellen, dass alle voller Begeisterung mitmachen werden.

Projektvorschlag

Betrachten Sie diese Zusammenstellung als ein mögliches Projektbeispiel oder auch nur als Appetithappen für die kommenden Seiten. Dort finden Sie diese und viele weitere Angebote.

Forschen und Entdecken

- Die richtige Ausrüstung für echte Herbstforscher
- Die spannende Suche nach den Herbstgeistern
- Gruselige Mutproben für den Herbst

Gestalten

- Gestalten mit Blättern und Früchten
- Vorbereitungen für Halloween
- Schaurig, schöne Basteleien

Bewegen und Musizieren

- Tanz der Vampire
- Mut zur Entspannung - Gruselmassagen

Spielen

- Bewegungsspiele für jedes Wetter
- Rund um die Spinnen
- Spiele im Dunkeln, die Taschenlampe als Spielzeug

Feiern

- Zeit für Partyvorbereitungen
- Rezepte für die Herbstküche

Der kleine Kürbis

Rund um den Kürbis
Diese Geschichte eignet sich gut als Einstieg, wenn Sie mit den Kindern zu Halloween Kürbisse gestalten wollen.

Der kleine Kürbis lag mit ganz vielen anderen, aber viel größeren Kürbissen nebeneinander auf einem Tisch auf dem Markt. Sie sollten verkauft werden. Alle Kürbisse waren sehr aufgeregt. Der kleine Kürbis verstand die Aufregung nicht. Was war denn bloß los? Er kullerte ein wenig zur Seite, um einen anderen anzustupsen.
Ein großer Kürbis blickte auf ihn hinab. Der kleine Kürbis nahm seinen Mut zusammen und fragte, warum denn alle so aufgeregt seien. Der große Kürbis schaute ihn verwundert an: „Ja, weißt Du das denn gar nicht? Morgen ist Halloween." Der kleine Kürbis schüttelte den Kopf.
„Alle Kürbisse hoffen, von Menschen gekauft zu werden, die sie zu diesem Fest brauchen", sprach der Große bedächtig weiter.
„Was ist denn Halloween?" wollte der Kleine wissen.
„Halloween ist das Fest der Geister. Die Menschen glauben, dass die Geister jedes Jahr in der Nacht am 31. Oktober ihr Unwesen treiben. Uns Kürbissen wird an diesem Tag eine große Aufgabe zuteil. Wir dürfen die Menschen beschützen. Jeder Halloweenkürbis wird zuerst ausgehöhlt, und dann bekommt er ein gruseliges Gesicht oder eine lustige Fratze hineingeschnitten. Danach wird der Bauch mit einer brennenden Kerze versehen und ins Fenster gestellt. Die Menschen glauben, dass die bösen Geister von unseren leuchtenden Kürbisgesichtern abgeschreckt werden und sich nicht ins Haus trauen."
Der kleine Kürbis war sprachlos. Jetzt verstand er die Aufregung der anderen Kürbisse. Natürlich war es etwas ganz Besonderes für jeden, der ein Halloweenkürbis wurde.
Noch während er darüber nachdachte, wurde er unsanft von einer riesigen Hand gepackt und in eine Tüte gesteckt. Es dauerte nicht lange, da wurde er wieder ausgepackt. Und siehe da, ein riesiges Messer trennte seinen oberen Teil ab. Aber weder das, noch das Aushöhlen bereitete dem kleinen Kürbis Schmerzen. Er war mächtig gespannt, was er für ein Gesicht bekommen sollte. Der Mensch, der ihn bearbeitete, war sehr geschickt. Sorgfältig schnitt er zwei Dreiecksaugen und eine Dreiecksnase hinein. Der Mund, den der kleine Kürbis bekam, war zackig und sah aus, als hätte er spitze Zähne. Wie der große Kürbis gesagt hatte, wurde er mit einer brennenden Kerze versehen und in ein Fenster gestellt.
Der kleine Kürbis fühlte sich großartig. Alle Leute, die am Haus vorbeigingen, bewunderten ihn. Er war sehr stolz und erfüllte in der Nacht seine Aufgabe. Kein böser Geist traute sich ins Haus. Und da er das so gut machte, ließen ihn die Menschen noch an vielen weiteren Tagen im Fenster stehen.

Auf der Suche nach dem Herbst

Herbstforscher

■ Ernennen Sie die Kinder zu Herbstforschern und überreichen Sie jedem Kind einen Forscherausweis. Erklären Sie, dass Sie diese vor jeder Expedition austeilen und danach wieder einsammeln werden und dass nach jeder erfolgreichen Expedition ein Stempelabdruck in den Ausweis kommt.
Das Überreichen und die Mitnahme des Forscherausweises verleiht den Erkundungsgängen eine besondere Wichtigkeit. Die Kinder schlüpfen in eine andere Rolle und haben einen höheren Anreiz mitzumachen. Fertigen Sie die Forscherausweise so an, dass sie als Halskette getragen werden können. Eine Klarsichthülle schützt die Ausweise vor Nässe und Schmutz.

Forscherkoffer für Herbstexpeditionen

■ Für die Herbstexpeditionen brauchen die Kinder eine geeignete Forscherausrüstung. Packen Sie mit den Kindern einen Forscherkoffer, den sie auf ihre Entdeckungstouren immer mitnehmen. Beispiele für den Inhalt:

- Insektenstaubsauger
- Schüttelsiebe
- eine weiße Schale
- Becherlupen
- Lupen
- Pinsel
- ein Insektenbuch
- ein Bestimmungsbuch
- Papier
- Stifte
- Erste Hilfe Tasche/ Verbandszeug

Hinweis
Eine Mustervorlage für den Forscherausweis finden Sie im Service-Teil auf Seite 58.

Insektenstaubsauger

■ Entscheiden Sie zunächst, wieviele Insektenstaubsauger gebraucht werden. Soll jedes Kind einen eigenen anfertigen?
Für einen Insektenstaubsauger benötigen Sie eine leere, durchsichtige Filmdose (bekommen Sie im Fotoladen), ein ca. 4 x 4 cm großes Stück aus einem Seidenstrumpf und zwei ca. 10 cm lange Stücke von einem Aquariumschlauch mit ca. 1 cm Durchmesser.
In den Deckel und Boden der Filmdose bohren Sie mit einer spitzen Schere jeweils ein so großes Loch, dass die Schlauchstücke fest darin sitzen.
Bevor diese in die Dose gesteckt werden, wickelt ein Kind um die Öffnung des einen Schlauchendes den Seidenstrumpf.
Die Kinder können nun Insekten in der Dose fangen, indem sie ein Schlauchende an das entdeckte Tier halten und an dem Schlauch mit dem Strumpf saugen. Durch den Seidenstrumpf wird verhindert, dass das Tier in den Mund gelangt.

Schüttelsieb

■ Nehmen Sie eine große Konservendose mit einem Durchmesser von ca. 10 cm. Entfernen Sie den Deckel und den Boden. Kleben Sie scharfe Kanten mit Klebeband ab. Ein Kind legt ein Fliegengitter mit ca. 20 cm Durchmesser und einer Maschenstärke von 1 bis 2 mm über den Boden der Dose. Befestigen Sie dieses gemeinsam mit einem stabilen Klebeband oder einem Gummiring.

Die Kinder sammeln Blätter, Blattkrümel und Erde. Diese füllen sie in ein Schüttelsieb, das sie über einer weißen Sammelschale rauf- und runterschütteln. Eine Hand liegt dabei auf der Öffnung der Dose, damit der Inhalt nicht versehentlich an dieser Seite herausfällt.

Nach kurzer Zeit krabbeln zwischen den feinen Erdkrümeln Tiere. Zeigen Sie den Kindern, wie sie die Tiere mit einem Pinsel vorsichtig in die Becherlupe setzen können, ohne sie dabei zu verletzen.

Schauen Sie mit den Kindern in das Insektenbuch und bestimmen Sie die gefundenen Tiere.

Bestimmungsbuch

■ Legen Sie mit den Kindern ein Bestimmungsbuch an, in das alle entdeckten Tiere eingetragen werden. Geeignet ist ein Ringbuch mit weißen Blättern.

Ein Kind malt das gefundene Tier auf eine Seite. Dann schreiben Sie den Namen des Insekts und evtl. auch die Besonderheiten dazu, die die Kinder beobachtet haben.

Variation: Jedes Kind erhält sein eigenes Bestimmungsbuch und entscheidet selbst, welche Dinge oder Tiere es aufnehmen möchte.

Herbstgeister suchen und mit allen Sinnen erleben

■ Fragen Sie die Kinder, was ihnen zum Thema Herbst einfällt und was sich draußen verändert. Nach dieser Sammlung erzählen Sie den Kindern von den Herbstgeistern. Sagen Sie, dass es ganz viele unterschiedliche gibt, die sogar tagsüber entdeckt werden können. Betonen Sie, dass Herbstgeister harmlos sind und man sich nicht vor ihnen fürchten muss. Schaffen Sie eine Atmosphäre, die so neugierig macht, dass die Kinder die Herbstgeister suchen wollen. Je nach Situation beginnen Sie mit einem der Naturphänomene.

Windgeister

Windgeister können wir hören. Sie heulen, pfeifen, flüstern oder stöhnen. Einige Windgeister sind ganz laut, andere wiederum können wir kaum hören. Manche Windgeister sind sehr mutig. Sie kommen uns so nah, dass wir sie spüren können. Sie krabbeln durch unsere Jacken oder Hosen.
Windgeister spielen gern. Es macht ihnen Spaß, Blätter durch die Luft zu wirbeln und Früchte von Bäumen zu blasen.

Wolken beobachten

■ Die Kinder beobachten, dass die Windgeister auch im Himmel zu entdecken sind. Fragen Sie die Kinder, ob manche Wolken schneller ziehen als andere.
Fantasieren Sie gemeinsam. Wie verändern sich die Wolken?

Erkundungstour

■ Erkunden Sie mit den Kindern, was die Windgeister alles von den Bäumen gepustet haben, z.B. Blätter, Bucheckern, Kastanien, Tannenzapfen.
Tipp: Verbinden Sie diese Tour mit einer Sammelaktion, damit die Kinder aus den gefundenen Naturmaterialien später Dekorationen für die Gruppe basteln können.

Künstlicher Wind

■ Die Kinder haben die Windgeister gefunden. Überlegen Sie gemeinsam, wie Wind entstehen bzw. womit man selbst Wind erzeugen kann. Lassen Sie die Kinder experimentieren.

Wind mit eigener Körperkraft herstellen und kontrollieren

■ Lassen Sie die Kinder ein Blatt Papier, ein Buch und einen Fächer hoch- und runterschwingen. Mit der Geschwindigkeit ihrer Bewegungen beeinflussen sie die Stärke des Windes.
Nun sollen alle Gegenstände gleich schnell hoch und runter bewegt werden. Fragen Sie, welche Gegenstände mehr Wind erzeugen.

Die eigene Puste spüren

■ Die Kinder halten sich eine Hand dicht vor den Mund und pusten dagegen. Auf Ihre Anweisung atmen sie die Luft einmal langsam und leicht aus und einmal kurz und schnell.
Lassen Sie die Kinder probieren, wie lange sie pusten können. Hierzu teilen sie sich Luft ein, indem sie nur ganz langsam und leicht ausatmen. Durch den Wechsel von Hauchen und Pusten erfahren die Kinder, dass sie warmen und kalten Wind erzeugen können.

Herstellen einer Wind-Mach-Maschine

■ Entwickeln Sie mit den Kindern eine eigene Wind-Mach-Maschine. Überlegen Sie gemeinsam, wie diese Maschine aussehen soll und welche Materialien benötigt werden. Diese können sein:

- ein großer Karton als Grundlage für die Maschine
- Fächer
- Schrauben
- alte Elektrogeräte, die die Kinder auseinander schrauben dürfen und deren Teile sie für die Maschine einsetzen
- Farben
- selbstgemachte Windspiele
- alte Ventilatoren

Blättergeister

Die Blättergeister sind am auffälligsten. Wo sie sich aufhalten, färben sich die Blätter bunt. Sie werden rot, gelb, orange oder braun. Je bunter die Blätter werden, desto mehr freuen sie sich. Ihre Freude ist irgendwann so groß, dass sie vor lauter Aufregung wie wild auf den Blättern hoch und runter hopsen. Obwohl die Blätter versuchen, sich an ihrem Ast festzuhalten, werden sie nach einiger Zeit so schwach, dass sie loslassen und langsam nach unten zum Boden gleiten.

Laub ist für viele Tiere überlebenswichtig

Viele Tiere brauchen die Laubschicht in den Wäldern, Parks und Gärten. Im Laub überwintern viele Insekten oder legen dort ihre Eier ab. Im Winter bietet der Laubhaufen dann auch für den Igel einen guten Schlafplatz. Vorher durchsucht er ihn nach Spinnen und Schnecken. Viele Kleinstlebewesen sowie der Regenwurm ernähren sich von abgestorbenen Pflanzenteilen. Sie zerkleinern, fressen und zersetzen das Laub. Auf diese Weise sorgen sie dafür, dass dem Boden Nährstoffe zugeführt werden.

Laub riechen

- Die Kinder werden zu Waldtieren (Igel, Spitzmaus), die einen feinen Geruchssinn haben und im Laub oder am Boden nach Insekten und Waldfrüchten suchen. Dazu krabbeln sie herum und halten ihre Nase dicht am Boden. Riecht es modrig, nach Pilzen oder erdig?

Laubgeräusche

- Die Kinder häufen Laubberge auf, legen sich hinein, decken sich damit zu und schließen ihre Augen.

Erzählen Sie, dass solche Laubberge die Betten der Igel sind. Die Kinder stellen sich nun vor, selbst Igel zu sein. Wie ist ein solches Laubbett? Ist es kuschelig und gemütlich? Welche Geräusche sind zu hören? Wie riecht das Laub?

Tiere im Laub

- Die Kinder machen sich als Herbstforscher mit Lupe, Insektenstaubsauger und Schüttelsieb auf die Suche nach Tieren, die im Laub zu finden sind.

Im Laubhaufen

Was ist denn da im Laubhaufen? - Huch - da bewegt sich was.
Ein Igel. Ach ja, es ist Herbst. Die Zeit, in der sich auch die Igel ein Winterquartier suchen.
Hier scheint jemand anderes unterwegs zu sein. Kennt Ihr die kleinen Kobolde, die sitzen im Herbst gern im Laub. Es macht ihnen riesig Spaß, das Laub immer wieder vom Laubhaufen aus im Garten zu verteilen. Sie werden manchmal auch Laubfritzen genannt.
Wenn ihnen das Laub, das auf dem Boden liegt, nicht genügt, machen sie sich auf den Weg und klettern auf die Bäume. Sie testen dann, welche Blätter bald herunterfallen. Das machen sie, indem sie sich an die Blätter hängen. Durch ihr Gewicht fallen die Blätter vom Baum herab.
Die Blätter sind dann so etwas wie kleine Drachenflieger für die Kobolde.

Nebelgeister

Nebelgeister schweben meistens sehr früh am Morgen über Felder und Wege. Sie bewegen sich langsam und geschmeidig. Ist der Nebel sehr dicht, sind viele Nebelgeister zusammen. Dann können wir nicht weit sehen. Nebelgeister kommen aus den Boden und strecken sich Richtung Himmel. Fasst einmal den Boden an. Wie fühlt er sich an? Könnt ihr die Nebelgeister spüren?

Wenn Sie die Nebelgeister suchen wollen, planen Sie einen Spaziergang und setzen diesen möglichst früh an. Erzählen Sie den Kindern vor dem Spaziergang über die Nebelfelder eine kleine Einführungsgeschichte.

Auf den Spuren der Nebelgeister

■ Fordern Sie die Kinder auf, den Boden zu berühren. Sie werden feststellen, dass sie eine nasse Hand bekommen. Erklären Sie, dass dies die Fußspur der Nebelgeister ist. Überall dort, wo sie gewesen sind, hinterlassen sie Spuren. Besonders gern schlüpfen Nebelgeister durch Büsche und Pflanzen, die am Boden wachsen. Suchen Sie ihre Spuren. Wo waren sie überall? Machen Sie die Kinder anfangs evtl. noch auf die Spuren aufmerksam, z.B. auf nasse Blätter.

Erkundung eines Stoppelfeldes

■ Gehen Sie mit den Kindern zu einem Stoppelfeld. Überlegen Sie gemeinsam vor Ort, weshalb es den Nebelgeistern dort so gut gefällt. Mögen sie vielleicht die Stoppeln, weil die beim Darüberschweben kitzeln oder weil es dort geheimnisvolle Schätze zu finden gibt? Mögliche Anregungen:

- Die Kinder befühlen die Stoppeln. Wie fühlen sie sich an?
- Sie suchen Schätze: Wer findet Ähren, Getreidekörner oder ähnliches?
- Sie suchen nach Tieren. Wer wohnt im Stoppelfeld? Die Kinder entdecken kleinere Bodenbewohner, z.B. Regenwürmer und Käfer. Mit einer Becherlupe betrachten sie die Tiere.
- Die Kinder suchen Mäuselöcher.

Regentropfengeister

Regentropfengeister gibt es auch im Frühling, Sommer und Winter. Im Herbst spielen sie aber fast immer sehr ausgelassen mit ihren Freunden - den Windgeistern. Beobachtet einmal, wie der Herbstwind die Regentropfen durch die Luft jagt. Sie fallen nicht einfach gerade herunter, sondern manchmal peitschen sie zu allen Seiten auf den Boden nieder.
Regentropfengeister können wir nicht nur sehen, sondern auch hören. Sie prasseln gegen unsere Fenster und Schirme. Außerdem fühlen wir sie. Meistens fühlen sie sich sehr kalt und unangenehm an. Vor allem, wenn sie durch unsere Kleidung krabbeln.

Spaziergang im Regen

■ Viele Kinder spüren gerne den Regen und gehen mit Begeisterung auch bei sogenanntem schlechten Wetter nach draußen. Oft werden sie jedoch von uns Erwachsenen zurückgehalten, weil sie sich ja erkälten könnten. Lassen Sie die Kinder diese wichtige Erfahrung machen. Teilen Sie den Eltern mit, dass ihre Kinder wettergerechte Kleidung (Gummistiefel, -hose, Regenjacke und Wechselwäsche) im Kindergarten brauchen.

Regentropfen schmecken

■ Die Kinder versuchen, die Regentropfen mit dem Mund zu fangen. Wer schafft das? Fragen Sie, ob und wie der Regen schmeckt.

Pfützen

■ Suchen Sie mit den Kindern verschiedene Pfützen und entdecken Sie die Unterschiede. Manche Pfützen sind klein, manche groß, manche sind tief und manche flach. Die Kinder laufen durch die Pfützen oder springen hinein und beobachten, wie weit und hoch das Wasser spritzt. Einige Pfützen sind so groß, dass man darüber springen möchte, ohne sie zu berühren.

Experimentieren mit Geräuschen

Im Herbst werden die Tage kürzer und die Nächte länger. Es wird schneller dunkel. Durch Nebel und Dunkelheit erscheinen uns viele Orte und Gestalten unheimlicher. Auch Geräusche nehmen wir dadurch anders wahr.

Unterschiedliche Geräusche

■ Nehmen Sie gemeinsam mit den Kindern verschiedene Geräusche mit einem Kassettenrecorder auf und hören Sie diese zusammen ab. Erkennen die Kinder sie sofort wieder? Sie werden feststellen, dass einige Geräusche sich lustig oder unheimlich anhören und andere wiederum kaum zu erkennen sind.

Wie klingt der Herbst?

■ Machen Sie mit den Kindern einen Herbstspaziergang und achten Sie gemeinsam auf Herbstgeräusche, z.B. auf den pfeifenden Wind, den prasselnden Regen, das vom Baum fallende Obst und das raschelnde Laub. Danach fragen Sie die Kinder, wie die Geräusche im Gruppenraum produziert werden können. Wer eine Idee hat, holt die dafür benötigten Materialien. Geben Sie allen Kindern die Möglichkeit, die unterschiedlichen Geräusche selbst auszuprobieren und nehmen Sie diese dann nacheinander auf Tonband auf.

Hören Sie die Aufnahme gemeinsam an. Sind das die Geräusche, die die Kinder beim Spaziergang gehört haben?

Die eigene Stimme aufnehmen

■ Nachdem sich die Kinder verschiedene gruselige Töne haben einfallen lassen, nehmen Sie ihre Stimmen nacheinander auf Kassette auf. Schreiben Sie sich die Reihenfolge der Kinder auf, damit Sie diese im Nachhinein wissen.

Haben alle ihr schauriges Statement abgegeben, spielen Sie jeweils ein Geräusch vor. Welches Kind ist gerade zu hören? Vielleicht erraten die Kinder sogar noch, ob es sich bei dem Geräusch, um ein Gespenst, eine Ratte o.Ä. handelt.

Gruselige Geräusche

■ Die Kinder sitzen Ihnen am Tisch im Halbkreis gegenüber. Auf dem Tisch befinden sich verschiedene Gegenstände, Materialien und ein Kassettenrecorder. Spielen Sie den Kindern die Kassette vor, auf der Sie zuvor unterschiedliche Geräusche aufgenommen haben. Sie sollen nun erraten, wie diese erzeugt wurden. Das Kind, das als erstes ein Geräusch zugeordnet hat, darf den Ton mit den jeweiligen Materialien nachspielen. Die anderen Kinder schließen die Augen und hören, ob es mit der Tonbandaufnahme übereinstimmt.

Fantasieren Sie mit den Kindern, was der Ton sein könnte. Vielleicht kommt das Kettenrasseln von einem Gespenst, dem furchtbar langweilig ist und das seine Spielkette immer schwingt.

Beispiele:

- Kettenrasseln: Nehmen Sie eine große Kette, evtl. Fahrradkette und bewegen diese so, dass die Metallringe rasseln.
- Regen in unterschiedlicher Form: Eimer mit Wasser. Je nachdem, ob Sie mit den Fingern vorsichtig auf die Wasseroberfläche platschen oder die Flüssigkeit mit einer Schöpfkelle heruntertropfen lassen, erzeugen Sie unterschiedlich starken Regen.
- Schuss: Schlagen Sie mit einem Lineal auf den Tisch.
- Türen quietschen oder knarren.
- Kirchturmuhr: Schlagen Sie einen Gong.
- andere Geräusche: Zeitung langsam zerreißen, verschiedene Musikinstrumente.

Hörspiel

■ Nehmen Sie mit den Kindern doch mal ein Hörspiel auf. Aus den Klangeffekten der vorherigen Angebote mit dem Aufnahmegerät können bestimmt verschiedene Hörspielszenen abgeleitet werden. Vielleicht eignen sich auch die Geräuschproben der Kinder für eine kleine Geschichte. Sie können aber auch ein Thema oder den Anfang einer Geschichte vorgeben, um den Kindern den Einstieg zu erleichtern.

Mutproben

Kinder lieben die Spannung. Sie wollen ihre Grenzen austesten. Gerade in der Zeit um Halloween können sie sich in sicherer Umgebung ihren Ängsten stellen. Auch ängstliche Kinder haben bei angeleiteten Mutproben die Möglichkeit, sich zu erfahren. Die Anwesenheit einer vertrauten erwachsenen Person bietet dem Kind ein hohes Maß an Sicherheit und Schutz, um sich anders auszuprobieren und neu zu erfahren.

Bestandene Mutproben machen alle Kinder stolz und stärken ihr Selbstvertrauen. Bauen Sie die Mutproben daher so auf, dass ein Erfolgserlebnis garantiert ist. Gewährleisten Sie gleichzeitig, dass das Gefühl der Spannung und der Ungewissheit, welche „Hürde" als nächstes überwunden werden muss, erhalten bleibt. Mutproben werden für Kinder noch reizvoller, wenn möglichst viele Wahrnehmungssinne angesprochen werden, z.B. Schmecken, Tasten, Riechen ...

Sie erhöhen die Spannung, wenn Sie die jeweilige Mutprobe immer nur mit einem Kind durchführen. Bei mehreren Kindern empfiehlt sich die Einführung von einem „Schweigegelöbnis". Jedes Kind versichert hierbei, dass es keinem etwas über die Mutproben erzählt.

Blutende Monsteraugen

■ Diese Mutprobe können Sie bei Tageslicht und mit mehreren Kindern gleichzeitig durchführen. Sie kann als Einführung dienen und muss z.B. von jedem Kind bestanden werden, bevor es weitere im Dunkeln mitmachen darf.

Stellen Sie eine größere Glasschüssel bereit und geben Sie ausreichend Lychees oder Weintrauben hinein. Mit roter Lebensmittelfarbe vermischen Sie eine Flüssigkeit (Limonade, Wasser etc.).

Esslöffel und Tassen bereitstellen.

Die Kinder sitzen zusammen. In der Mitte stehen die Zutaten. Erklären Sie den gespannten Kindern, dass die Lychees als MONSTERAUGEN und die rotgefärbte Flüssigkeit als MONSTERBLUT zu bezeichnen sind. Ermuntern Sie sie, sich über die Hemmschwelle hinwegzusetzen und eine Lychee (ein Monsterauge) zu essen. Wer traut sich?

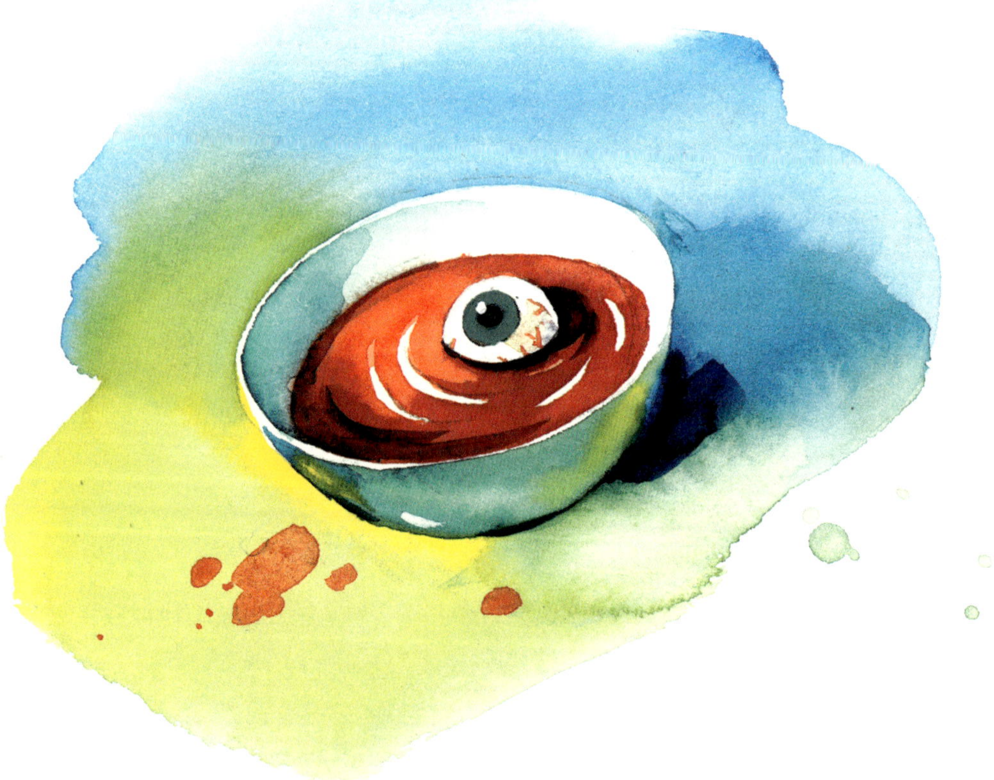

Mutproben in einem abgedunkelten Raum

Spinnweben

■ Das Kind hält die Augen geschlossen, während Sie ganz vorsichtig mit einer Feder über sein Gesicht streichen. Sagen Sie, dass es sich vorstellen soll, dass Spinnweben sein Gesicht berühren. Das Kind soll nun herausfinden, womit die Spinnweben dargestellt werden.

Der Griff ins Unbekannte

■ Nehmen Sie drei leere Kartons (z.B. Schuhkartons). An einer der kleineren Seiten schneiden Sie jeweils ein Loch aus, so dass eine Hand bequem hineingreifen kann. Legen Sie verschiedene Gegenstände in die Kartons. Diese sollten möglichst unterschiedlich beschaffen sein, um den taktilen Reiz zu erhöhen.
Hierbei sind Ihrer Fantasie keine Grenzen gesetzt.
Beispiele:

- eine Bürste
- ein aufgeblasener Gummihandschuh
- ein Mandarinen- oder Orangennetz
- Reißzwecken
- eine Gabel
- einen Hühnerknochen
- eine offene Cremedose
- ein Stücke nasse Seife

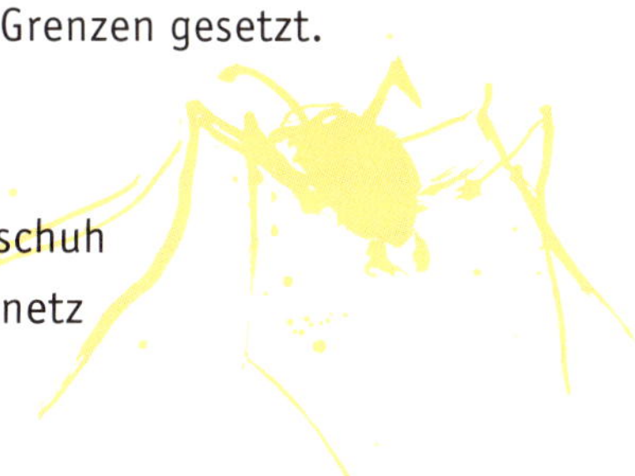

Das Kind führt seine Hand in die Öffnungen des jeweiligen Kartons und ertastet die Gegenstände. Die Mutprobe gilt als bestanden, wenn es die richtige Lösung nennt. Bei Schwierigkeiten dürfen Sie ruhig Tipps geben. Dennoch soll das Kind trotzdem das Gefühl haben, dass es letztendlich allein die Mutprobe bewältigt hat. Also nicht zu viel helfen!

Mutproben für ältere oder sehr mutige Kinder

Diese Mutproben sollten Sie nur bei älteren oder sehr mutigen Kindern durchführen. Wenn Sie merken, dass sich die Kinder unbehaglich fühlen, verraten Sie die tatsächlichen Materialien.

Monstersabber

■ Vermengen Sie in einer großen Schüssel etwas Hydrogelpulver (erhältlich im Blumengeschäft) mit Wasser. Die Mischung ist fertig, wenn sich das Pulver vollständig mit dem Wasser verbunden hat. Falls Ihnen dieses Pulver nicht zur Verfügung steht, weichen Sie Gelatine ein.
Führen Sie die Hand des Kindes in die vorbereitete Schüssel und halten Sie sanft den Arm weiterhin fest, damit es ihn nicht zu schnell wieder herauszieht. Das Kind versucht zu erraten, worin es gerade seine Hand „badet“.
Die richtige Lösung - auf die das Kind wahrscheinlich nicht kommt, da diese Mischung einen extra schaurig-ekligen Namen hat - heißt: MONSTERSABBER!
Geben Sie das Kind wieder „frei“, wenn es gesagt hat, ob ihm die Mutprobe eher angenehm oder mehr unangenehm war.

Käfereier

■ Das Kind soll mit geschlossenen Augen erraten, was es isst. Wenn es seinen Mund öffnet, stecken Sie etwas Popcorn hinein. Mit großer Wahrscheinlichkeit wird es den Popcorngeschmack erkennen. Stimmen Sie zu, dass es zwar so schmeckt, sich aber in Wahrheit um KÄFEREIER handelt.

Gestalten mit Blättern und Früchten

Blätterpresse

■ Haben Sie keine eigene Blätterpresse in Ihrer Kita, können Sie sich ganz einfach eine bauen.
Sie brauchen zwei gleich große Holzplatten. In jede Ecke der beiden Holzbretter bohren Sie jeweils ein Loch für eine Schraube mit langem Gewinde und einer Flügelschraube. Die Kanten schmirgeln Sie möglichst glatt. Hierbei können die Kinder hervorragend mitwerkeln. Nun schneiden Sie entsprechend der Holzplattengröße etwa sechs bis acht Wellpappenquadrate und zehn Blatt Löschpapier zu. Sie können auch Zeitungspapier verwenden. Die gepflückten und gesammelten Blüten und Blätter legen Sie jeweils zwischen zwei Löschpapiere und eine Pappe. Zum Schluss setzen Sie die Schrauben ein.

Grußkarten

■ Auf einem weißen Bogen Kartonpapier können die Kinder mit Pastell- oder Wasserfarben bunte Farbübergänge malen. Dieses kleben sie dann auf buntes, gefaltetes Kartonpapier. So entstehen schöne Grußkarten in Herbstfarben.
Sie können diese Karte noch erweitern, indem Sie nach Lust und Laune mit den Kindern Pflanzen auf den bemalten Karton kleben. Versuchen Sie dabei den Kleber vorsichtig mit dem Holzstäbchen aufzutupfen und eventuell etwas Flimmer darüber zu streuen.

Ketten und Girlanden

■ Aus allen Blättern und Herbstfrüchten, z.B. Ahornsamen, Mohnkapseln und Strohblumen, können Sie mit den Kindern hübsche Girlanden gestalten. Hierzu werden die Blätter und Früchte auf einen Faden oder Bast gefädelt.
Ein Tipp: Sehr schön sieht es auch aus, wenn Sie große Ahornblätter pressen und dann an der Fensterscheibe befestigen.

Herbstbild

■ Lassen Sie die Kinder mit Wachsmalstiften oder Tusche einen Baumstamm mit kahlen Ästen auf ein Blatt Papier malen und diese im Anschluss mit selbstgepressten Blättern bekleben. So entsteht ein schöner Baum als Herbstbild.

Verfärben der Blätter

■ Nehmen Sie gepresste Blätter und lassen Sie diese von den Kindern mit Pustetechnik bemalen. Hierzu geben die Kinder Farbkleckse auf die Blätter. Erzählen Sie, sie seien der Wind, der die Farbe auf den Blättern verteilt. Im Anschluss lassen Sie die Kinder ihre Blätter wie einen Stempel auf das Papier drucken und das Bild weiter frei gestalten.

Bunte Blätterkränze

■ Sie brauchen einen Kranz aus Moosy oder Stroh. Dieser ist im Bastelbedarfsladen erhältlich. Nun legen Sie nacheinander gepresste Blütenblätter und Laub auf den Kranz. Binden Sie diese vorsichtig mit einem Goldfaden fest.

Die Farben des Herbstes

■ Betrachten Sie gemeinsam mit den Kindern die gesammelten bunten Blätter. Fragen Sie die Kinder nach den verschiedenen Laubfarben, die sie erkennen. Dann sollen sie aus den einzelnen Blättern jeweils ein kleines Stückchen schneiden und es auf einen großen Bogen Papier kleben. Es entsteht eine Farbskala von grün zu gelb über orange zu rot, die für alle gut sichtbar im Gruppenraum aufgehängt wird. So wird den Kindern verdeutlicht, welche Farbenvielfalt der Herbst mit sich bringt.

Wurzelzwerge

■ Sammeln Sie mit den Kindern viele interessante Dinge im Wald, z.B. verschiedene Sorten Moos, heruntergefallene Äste oder Rinde, Eicheln, Kastanien, Bucheckern, Zapfen, Stöckchen und Gräser. Diese Dinge stellen Sie dann zum Spielen und Betasten im Gruppenraum aus.

Baum oder Strauch?
Kennen Sie den Unterschied zwischen einem Baum und einem Strauch? Nicht die Größe ist entscheidend, sondern die Gestalt. Bäume haben einen zentralen Stamm, von dem die Äste abgehen. Sträucher verzweigen sich dagegen direkt vom Boden an.

Waldlandschaft

■ Die verschiedenen Naturmaterialien, welche die Kinder von ihrem Waldausflug mitgebracht haben, können in einer Zimmerecke als Waldlandschaft aufgebaut werden. Solch eine Ecke ist nicht nur ein Blickfang, sie lädt die Kinder auch zum Spielen und Verweilen ein. Erinnerungen und Emotionen können somit vertieft und verarbeitet werden.

Stempel gestalten

■ Der Herbst ist oft die Zeit des Kartoffeldrucks. Wenn Sie weniger mit Lebensmitteln arbeiten möchten, gestalten Sie doch einmal Stempel aus Moosgummi und Holz mit herbstlichen Motiven.

Erntezeit

Zeit der Pilzsammler

■ Die Herbstzeit ist auch die Zeit der Pilzsammler. Sollten Sie sich selbst nicht so gut mit Pilzen auskennen, so stellen Sie mit den Kindern doch einfach Pilze aus Pappmaché her. Formen Sie aus Kaninchendraht einen Pilz und gestalten Sie ihn mit Kleisterpapier. Nachdem er getrocknet ist, malen ihn die Kinder entsprechend der jeweiligen Pilzsorte an.

Früchte und Kartoffeln aus Pappmaché

■ Besonders viel Spaß macht es, aus Pappmaché Früchte herzustellen, z.B. Kartoffeln. Hierzu formen Sie aus Draht kleine Kugeln, die dann mit Kleisterpapier umwickelt und später angemalt werden.
Wer es sich zutraut, gestaltet ein großes Kartoffelmännchen. Bei der Gestaltung des großen Männchens brauchen die Kinder sicherlich ein wenig Unterstützung.

Der Fliegenpilz
Einer der bekanntesten Pilze in unseren Wäldern ist der Fliegenpilz. Der bis zu 20 cm breite Hut ist leuchtend rot und mit weißen Flocken bedeckt. Seit Jahrhunderten benutzen ihn die Bauern, um die Fliegen aus Ställen und Häusern zu vertreiben. Die Pilze werden zerkleinert und in einer Schüssel mit gesüßter Milch über Nacht stehen gelassen. Am nächsten Morgen hat sich ein Sud entwickelt, dem keine Fliege widerstehen kann. Sie kommen alle zum Naschen und sterben kurze Zeit später ausnahmslos. So bekam der Giftpilz seinen Namen.

Apfelmobile

■ Ein Mobile aus drei übereinander hängenden Äpfeln kommt auch gut bei den Kindern an. Hierfür gestalten Sie mit den Kindern drei Äpfel aus Pappe. Zuoberst hängen Sie einen roten Apfel, als zweites einen angebissenen Apfel und als drittes einen Apfelgriebsch.

Erntedank

Lustige Vogelscheuche

■ Binden Sie zwei Hölzer mit Basteldraht über Kreuz zusammen. Besonders gut eignen sich Rund- oder Bambushölzer (50 cm, 80 cm) und mitteldicker Basteldraht. Polstern Sie das obere Drittel des Kreuzes mit Füllwatte aus und umwickeln Sie es mit Basteldraht. Das Querholz umwickeln Sie mit Natur- und Basteldraht. Am unteren Ende des langen Stockes befestigen Sie ebenfalls Natur- und Basteldraht.
Nun besorgen Sie sich mit den Kindern Kleidungsstücke, die Sie dann der Vogelscheuche überziehen. Gut eignet sich ein alter Rock, den Sie ggf. etwas verändern. Schneiden Sie den unteren Rand in Zackenform und nähen Sie ein bis zwei bunte Flicken auf. Für das Oberteil eignet sich ein Poncho.
Ein buntes Halstuch darf natürlich auch nicht fehlen.
Für den Kopf können Sie Augen und Mund mit Filzstiften auf eine große Wattekugel malen. Als Nase kleben Sie eine kleine rot angemalte Wattekugel an die große Kugel. Nun können Sie noch etwas Naturbast als Haare zuschneiden und zusammen mit einem Hut mit einigen Stecknadeln am Kopf befestigen.
Den Kopf stecken Sie auf das Ende des langen Stockes.

Rund um den Herbstwind

Drachen aus Tonpapier

■ Schneiden Sie aus Tonpapier einen Drachen aus. Danach schneiden Sie Augen, Nase und Mund mit dem Tapetenmesser aus. Den Schwanz gestalten Sie aus Bast und Krepp.
Dieser Drachen kann auf ein Bild aufgeklebt und dort weiterverarbeitet werden. Er kann aber auch am Fenster oder im Raum aufgehängt werden. Befragen Sie hierzu die Kinder. Diese haben bestimmt viele Ideen, wie der Drachen aussehen kann, und wohin er letztendlich hingehängt werden soll.
Variante: Besonders bunt wirkt der Drachen, wenn er aus Regenbogenpapier gestaltet wird.

Windspiel

■ Viele Kinder haben aus ihrem Sommerurlaub Sand, Steine und Muscheln mitgebracht. Basteln Sie mit den Kindern ein Windspiel aus Muscheln. Diese klingen im Wind besonders schön. Bohren Sie hierzu mit den Kindern ein kleines Loch in die Muscheln und fädeln Sie diese anschließend auf.

Windmesser

■ Stecken Sie einen Bambusstab in einen Blumentopf und hängen Sie an diesen mit Faden und Draht einige Kunststofffäden. Die Fäden spielen im Wind und zeigen an, aus welcher Richtung der Wind gerade weht.

Gestalten für Halloween

Kürbisfratze

■ Dieser Kürbis kann aus einem Luftballon hergestellt werden. Pinseln Sie einen Luftballon zur Hälfte mit Kleister ein und bekleben Sie ihn anschließend mit Zeitungspapier. Dies geschieht in mehreren Schichten übereinander. Lassen Sie ihn eine Nacht trocknen. Am nächsten Tag kann orange Farbe aufgetragen und das Kürbisgesicht entsprechend gruselig gestaltet werden.

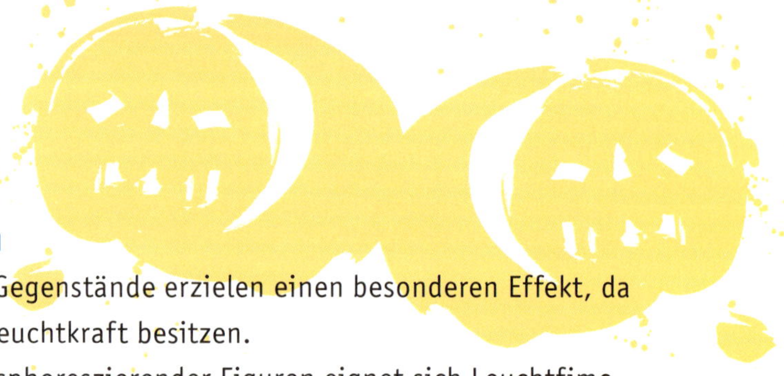

Figuren für Halloween

■ Phosphoreszierende Gegenstände erzielen einen besonderen Effekt, da sie im Dunkeln eigene Leuchtkraft besitzen.
Für die Herstellung phosphoreszierender Figuren eignet sich Leuchtfimo besonders gut. Die Kinder kneten das Fimo weich und formen gruselige Tiere oder Formen. Bevor das Fimo der Anleitung entsprechend im Backofen gebacken wird, sollten Sie mit einem Schaschlikspieß oder einem Zahnstocher ein Loch durch die Figuren stechen, damit sie später mit einem Faden versehen und aufgehängt werden können.
Achten Sie darauf, dass die Kinder sich gut (!) die Hände waschen, bevor sie das Fimo kneten, da sie sonst evtl. Schmutzreste mit in die Knete verarbeiten und damit den Leuchteffekt verringern.
Noch stärker sollten Sie nach der Arbeit mit dem Fimo auf das Händewaschen achten. Fimo ist nicht gesundheitsverträglich! Achten Sie jedoch auf die gründliche Reinigung, sind Bedenken unbegründet.

Masken zum Selbermachen

■ Mit einem aufgeblasenen Luftballon und Papierkleister lassen sich hervorragend Masken gestalten. Achten Sie darauf, dass die Öffnungen für Mund und Augen so liegen, dass die Kinder beim Tragen der Maske noch sprechen und sehen können. Sobald die Kleistermasse getrocknet ist, kann sie je nach Fantasie gruselig oder herbstlich gestaltet werden.

Tischlaterne aus einem Marmeladenglas

■ Aus einem leeren Marmeladenglas können die Kinder mit orangefarbenem Transparentpapier eine Tischlaterne gestalten. Schneiden Sie aus orangefarbenem Papier einen Kürbis aus, den die Kinder mit Kleister auf das Marmeladenglas kleben. Dann können sie kleine grüne Transparentpapierschnipsel um den Kürbis kleben, um kleine Blätter anzudeuten. Ist der Kleister getrocknet, bekommt der Kürbis ein Gesicht mit einem schwarzen Filzstift aufgemalt. Den Rest des Glases können die Kinder mit gelben Transparentpapierschnipseln bekleben. Nun kann ein Teelicht in das Glas gestellt und angezündet werden.

Gestaltung und Darstellung des Projektes

Hexenklammern

■ Wäscheklammern eignen sich besonders gut zur Befestigung von Elternbriefen, die Sie in der Zeit des Projektes verteilen. Außerdem können die Klammern ganz einfach in Hexen, Geister oder Vampire verwandelt werden, indem Sie diese damit auf einer Seite bekleben.
Hängen Sie die Klammern an einem Faden über die Fächer der Kinder, so dass die Eltern ihre Briefe und Zettel leicht entnehmen können.

Galerie im Gruselrahmen

■ Besorgen Sie sich vom Flohmarkt einen alten Bilderrahmen, den Sie mit Spinnweben und Lichterketten in einen Gruselrahmen verwandeln. In diesem Rahmen werden den Eltern alle notwendigen Infos für das Projekt mitgeteilt.

Gruseliges Fotoalbum

■ Gestalten Sie mit den Kindern für den Verlauf des Projektes ein Fotoalbum oder einen größeren Ringhefter. Bekleben Sie ihn z.B. mit Herbstgeistern möglichst gruselig.
Diese Mappe können Sie zur Dokumentation des Projektes und zugleich auch als Info-Mappe nutzen.

Geisterpinnwand

■ Sehr hilfreich für die Weitergabe von Infos zu diesem Projekt ist auch eine spezielle Geisterpinnwand. Schneiden Sie hierfür aus einer Pappe die Umrisse eines Gespenstes aus. Den Kopf und die Arme bekleben Sie mit weißem Seidenpapier. Die Augen schneiden Sie aus schwarzem Tonpapier aus. Für den Bauch nehmen Sie zweifach weißes Moosgummi und kleben dies anschließend aufeinander auf der Pappe fest. Diese Fläche dient dann als Steckfläche für die Infos.
Variationsmöglichkeiten: Sie können eine solche Pinnwand auch in Form einer Fledermaus oder eines Kürbisses gestalten.

Die Hexe ist an die Wand geflogen

■ Über dieses Bild wird jeder lachen, der Ihren Gruppenraum betritt. Gestalten Sie eine Hexe mit Hut, Körper und Beinen so, dass es aussieht, als sei die Hexe mit ihrem Besen nicht zum Landen gekommen, sondern im Schnellflug gegen die Wand oder Tür geflogen.

Ein Grabstein

■ Ein Grabstein darf bei einem Gruselthema wie Halloween nicht fehlen. Aus Styropor lässt sich ganz prima ein Grabstein gestalten, der dann grau gestrichen mit einer Fledermaus für eine wohlige Gänsehaut sorgt.

Ein Skelett aus Papprollen

■ Aus größeren Papprollen lässt sich ein wunderbares Skelett zusammenstellen. Hierzu werden die Rollen lose mit Bindfäden verbunden. Als Kopf dient ein weißer aufgepusteter Luftballon, der schön gruselig angemalt werden kann.

Gespenster in schwarz

■ Eine schöne Variante sind auch Gespenster aus schwarzen Mülltüten, denen Augen aus Fluorfarben aufgemalt sind.

Gestalten mit Gipsbinden

■ Wenn Sie den Kindern Hände oder Finger eingipsen, können diese das Gruselkabinett vervollständigen. Von abgehackten Händen und Fingern bis zu Fingernägeln ist alles denkbar.

Geister-Gruselhände

■ Nehmen Sie ein Paar alte Fingerhandschuhe und bemalen Sie diese mit Fluorfarben. Blasen Sie die Handschuhe anschließend auf oder füllen Sie diese mit Sand.

Lieder

Sieben kleine Gespenster

Text und Musik: Christof Altmann

Aus Christof Altmann, Maria Gies: Der Löwe lacht - Das Liederbuch, Verlag „Der Löwe lacht", Stuttgart 2001

2. Strophe
... Das zweite war das Eeeh-Gespenst,
und das gab keine Ruh.
Eeh, eeh,eeh
so gespenstert's immerzu.
Ho, Hi, Huu, ...

3. Strophe
... Das dritte war das Aaah-Gespenst,
und das gab keine Ruh.
Aaah, aaah,aaaah
so gespenstert's immerzu.
Ho, Hi, Huu, ...

4. Strophe
... Das vierte war das Iiih-Gespenst,
und das gab keine Ruh.
Iiih, iiih, iiiih
so gespenstert's immerzu.
Ho, Hi, Huu, ...

5. Strophe
... Das fünft war das Ooooh-Gespenst,
und das gab keine Ruh.
OooH, oooh, ooooh
so gespenstert's immerzu.
Ho, Hi, Huu ...

6. Strophe
... Das sechste war das Auuu-Gespenst,
und das gab keine Ruh.
Auuu, auuu, auuuu
so gespenstert's immerzu.
Ho, Hi, Huu, ...

7. Strophe
... Das siebte war das Huii-Gespenst,
und das gab keine Ruh.
Huii, huii, huiii
so gespenstert's immerzu.
Ho, Hi, Huu, ...

8. Strophe
... Sie spukten alle siebene
und das gab keine Ruh: Uuh, Eeh,
Aaah, Iiih, Oooh, Auuu, Huiii,
so gespenstert's immerzu.
Ho, Hi, Huu, wir sind Gespenster.
Bo, Bi, Buu, bei uns da spukts'.

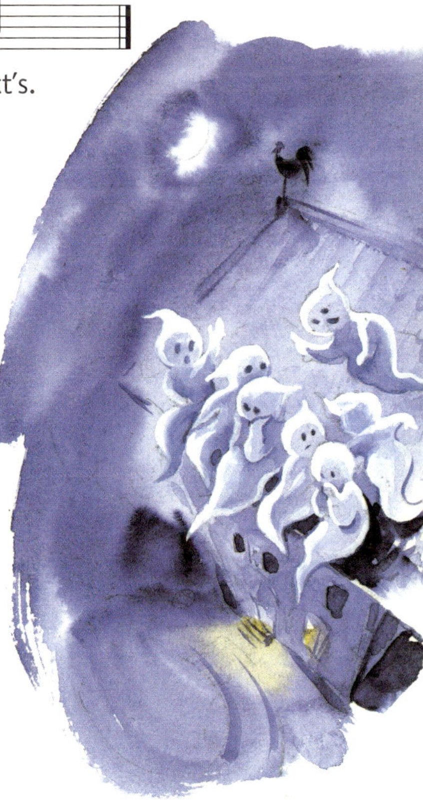

■ Singen mehrere Kinder zusammen, können sie bei der achten Strophe alle wild durcheinander gespenstern. Jedes Kind sucht sich dafür sein Lieblingsgespenst aus, das es nachmacht. So entsteht ein schauriger Gespensterchor.

Wind, Wind blase

Text: Bernd Kohlhepp
Melodie: Jürgen Treyz
Aus: Gisela Walter, Luft - Die Elemente im Kindergartenalltag, Herder Verlag

Wind, Wind wehe,
mach' mir 'ne kalte Zehe.
Kälte macht mir gar nichts aus,
ich wärme mich ja gleich zu Haus.

Wind, Wind brause,
jetzt geh' ich doch nach Hause,
ich setz' mich auf die Ofenbank,
die wärmt mich wieder, Gott sei Dank!

Spielidee:

- Die Kinder berühren die jeweils besungenen Körperteile, streichen mit beiden Händen darüber, als ob sie diese wärmen würden.
Bei der letzten Strophe treffen sich alle Kinder in der Mitte und kuscheln sich ganz eng aneinander.

Herbsttanz

Aus: Heike Franz-Lammers, Das Nashorn schlägt im Takt dazu, Verlag Herder 1997

Vorschlag für einen Tanz:

■ Alle Kinder (Blätter) stehen im Kreis und zittern. Ein Kind (der Wind) wirbelt in der Mitte des Kreises herum. Ab und an (nicht die ganze Zeit) pustet es aus Leibeskräften. Auf „und dann flattern wir …" löst sich die Kreisform auf und alle „Blätter" flattern im Raum herum. Auf „Wo wir uns niederlassen" legen sich alle dort, wo sie gerade sind, zu Boden und kommen zur Ruhe.

Der Herbst bringt viel Bewegung

Blättertanz

■ Geben Sie jedem Kind ein Herbstblatt. Das sollen sie einige Male in die Luft werfen und beobachten, in welchen Bewegungen es nach unten gleitet. Dann werden die Kinder selbst zu Herbstblättern und vom Wind durch die Lüfte geweht. Der Wind wird durch passende Instrumentalmusik dargestellt. Stoppen Sie den Wind (Musik), gleiten die Blätter zu Boden und ruhen sich einen Moment aus. Setzt der Wind wieder ein, erwachen die Blätter zu neuem Leben.

Der Tanz der Vampire

■ Die Kinder finden sich paarweise zusammen. Sie sind Vampire, die sich einmal im Jahr treffen und tanzen. Jedes Vampirpaar erhält von Ihnen ein Windlicht oder eine rote Grabkerze. Zünden Sie die Kerzen an und machen Sie das elektrische Licht aus. Die Paare tanzen mit ihren Lichtern. Nach einer Weile erzählen Sie, dass nur noch die Vampire weitertanzen dürfen, deren Lichter brennen. Die Kinder versuchen nun die Lichter anderer Paare auszublasen. Da Vampire sehr behutsam mit ihresgleichen umgehen, achtet jeder darauf, die anderen Vampire nicht grob festzuhalten.

Monsterstarre

■ Alle Kinder sind Monster und tanzen zur Musik. Von Zeit zu Zeit schalten Sie die Musik aus. Sobald die Musik verklingt, müssen alle Tänzer in sich verharren. Keiner darf sich mehr bewegen. Alle befinden sich in der Monsterstarre. Wer sich bewegt, scheidet aus. Das ausgeschiedene Monster darf mit darüber wachen, welcher Tänzer als nächstes ausscheiden muss.
Natürlich ist das letzte Monster auf der Tanzfläche der Sieger.

Die ruhigen Seiten des Herbstes (Entspannung)

Herbstspuk (Herbstpantomime)

■ Für diese Pantomime müssen die Kinder eine Rolle übernehmen, gebraucht werden Nebelgeist, Windgeist, Wolke, Regentropfengeist, Blatt bzw. Blättergeist, Igel, Käfer, Spinne und ein Baum mit Ästen.
Das Kind, das den Baum spielt, steht in der Mitte des Raumes. An seinen ausgebreiteten Armen (Äste) fassen mehrere Kinder an (Blätter). An den Blättern fassen die Blättergeister an. Die anderen Kinder sitzen so lange am Rand und sehen zu, bis ihr Einsatz ist. Beginnen Sie nun die Geschichte vorzulesen:

Ein Herbsttag

Es ist früher Morgen im Wald. Es ist noch dunkel. Nebelgeister schweben über den Boden. Der Baum schläft noch. Auch seine Blätter schlafen noch an seinen Ästen. Die Nebelgeister gleiten leise und sanft um den Baum herum. Es wird heller. Die Nebelgeister strecken sich langsam gen Himmel und schweben davon. Der Baum erwacht. Er reckt seine Äste. Seine Blätter bewegen sich leicht. In dem Baum wohnen Tiere. Auch die erwachen. Die Spinne beginnt ihr Netz zu bauen. Der Käfer krabbelt an den Wurzeln des Baumes herum. Der Himmel ist sehr behangen. Dicke Wolken ziehen über den Baum hinweg. Plötzlich wird es stürmisch. Windgeister fegen um den Baum und über den Boden. Sie sind überall. Sie sind sehr schnell. Der Baum wiegt sich leicht im Wind. Seine Äste schwingen hin und her. Die Spinne und der Käfer suchen Unterschlupf beim Baum. Mit den Windgeistern kommen auch die Regentropfengeister. Sie fallen schnell vom Himmel und sammeln sich zu einer großen Pfütze. Nach kurzer Zeit ist der Regen vorbei. Die Windgeister sind ruhiger geworden und fliegen langsam um den Baum herum. Der Baum hat ganz bunte Blätter. Manche sind noch grün, aber viele sind schon gelb oder rot verfärbt. Die Blättergeister sitzen an den Blättern. Sie verfärben die Blätter. Sie sind ganz aufgeregt, weil sie so schön bunt aussehen. Sie hüpfen immer hoch und runter am Ast. Der Baum hat Mühe, die Blätter zu halten. Der Wind wird wieder stärker. Die Windgeister fegen um die Blätter. Einige Blätter werden mitsamt den Blättergeistern abgeweht und schweben sanft und langsam zu Boden. Dort bleiben sie liegen. Die Windgeister sind so lange in Bewegung, bis die letzten Blätter zu Boden fallen. Der Baum steht nun mit seinen kahlen Ästen dort. Die Blätter liegen auf dem Boden. Teilweise liegen sie übereinander. Ein Igel kommt. Er sucht einen kuscheligen Platz, wo er seinen Winterschlaf halten kann. Der Igel krabbelt unter die Blätter, rollt sich zusammen und schläft ein. Es wird Abend. Nebelgeister ziehen wieder auf. Sie umschweben den Baum und legen sich dann um ihn herum. Der Baum und die Tiere schlafen ein.

Massagen: Gruselmassagen

Diese Gruselmassagen sind Entspannungsübungen. Sie eignen sich besonders für Kinder, die bei solchen Übungen und Fantasiereisen eher zurückhaltend sind. Bei Gruselmassagen vermischt sich das angenehme Gefühl mit Spannung und Ungewissheit, denn das Kind weiß nicht, was geschehen wird. Es muss mutig sein, um sich darauf einzulassen, und kann sich gleichzeitig entspannt fallen lassen.
Nachfolgend werden zwei Gruselmassagen vorgestellt, die Sie beliebig ergänzen und erweitern können. Nehmen Sie sich mindestens zehn Minuten Zeit. Nur so kann sich das Kind völlig fallen lassen und genießen.
Die erste Massage umfasst fünf Abschnitte, die jeweils mindestens eine Minute dauern sollten. Die zweite Massage können Sie auf der ersten aufbauen oder auch unabhängig von ihr durchführen. Bauen Sie auf der ersten auf, sollten Sie mehr Zeit einplanen.

Vorbereitung

■ Führen Sie das Kind in einen vorbereiteten dunklen Raum. Lassen Sie im Hintergrund etwas Musik spielen. So gestalten Sie die Atmosphäre gruseliger und unheimlicher. Das Kind legt sich bäuchlings auf eine bequeme Matratze. Sie setzen sich daneben und geben vor der Massage eine kurze Einleitung.

Nachbereitung

■ Lassen Sie dem Kind nach der Massage ein oder zwei Minuten Zeit, damit die Entspannungsübungen kein abruptes Ende finden. In einem abschließenden Gespräch kann das Kind noch einmal in Gedanken durchgehen, welchen Massageteil es für sich am angenehmsten empfand und welchen es vielleicht nicht so gerne mochte. Fragen Sie ruhig nach den Gründen. Auf diese Weise wird dem Kind das Erlebte noch einmal bewusst und Sie erhalten ein Feedback, das Ihnen bei weiteren Massagen helfen kann.

1. Massagebeispiel: Der Weg durch das Spukhaus

„Stell dir vor, du stehst vor einem großen alten Haus. Es kommt dir sehr unheimlich vor. Du aber bist sehr neugierig und betrittst das Haus. Es ist sehr dunkel. So dunkel, dass du nichts darin erkennen kannst. Du betrittst verschiedene Zimmer. Du wirst nichts sehen, aber alles spüren. Bist du bereit?
(Während der Einleitung streichen Sie sanft mit beiden Händen über den Rücken des Kindes.)

1. Du kommst jetzt in ein Zimmer, in dem es von ***Spinnen*** nur so wimmelt. Die Spinnen krabbeln jetzt überall auf dir herum.
(Formen Sie Ihre Finger zu Spinnenbeinen, die Sie behutsam nacheinander auf den Rücken, Kopf, Armen und Beinen des Kindes aufsetzen. Langsam ahmen Sie nun Spinnenbewegungen nach. Sie können entscheiden, ob Sie nur eine Spinne über den Körper laufen lassen oder zwei.)

2. Du hast jetzt alle Spinnen abgeschüttelt und verlässt das Zimmer. Du betrittst nun einen Raum, der voller ***Nebel*** ist. Du kannst den Nebel spüren.
(Streichen Sie mit den Handflächen des Kindes über seinen Rücken, seinen Kopf, seine Arme und Beine. Hierbei können Sie unterschiedlichen - aber sanften! - Druck ausüben.)

3. Du verlässt das Zimmer mit dem Nebel und kommst in einen anderen Raum. Mittlerweile haben sich deine Augen an die Dunkelheit gewöhnt. Du erkennst, dass in der Mitte des Raumes ein großer Sessel steht. Du spürst den Wunsch, dich erst einmal auszuruhen. Du gehst zum Sessel und setzt dich hinein - mitten in ein Nest von ***Kakerlaken***! Diese kommen jetzt schnell aus dem Sessel heraus, um zu sehen, welcher Eindringling sie stört. In Windeseile krabbeln sie über deinen ganzen Körper.
(Formen Sie Ihre Finger zu Käferbeinen und bewegen Sie sie sehr schnell über die einzelnen Körperpartien des Kindes. Es soll den Eindruck erhalten, dass sehr viele Kakerlaken gleichzeitig über seinen Körper laufen.)

4. Nachdem du nun alle Kakerlaken abgeschüttelt hast, betrittst du das nächste Zimmer. Du spürst, dass du von Händen berührt wirst. ***Skeletthände***! Die ertasten deinen Körper!
(Massieren Sie den Rücken, Kopf, die Arme und Beine des Kindes.)

5. Du hast jetzt die Wahl! Du darfst dir noch einmal eine der vier Massagen aussuchen, die dir am besten gefallen hat.
(Wiederholen Sie die gewünschte Massage.)

2. Massagebeispiel: Der zweite Besuch im Spukhaus

Stell dir vor, du bist wieder in dem großen alten Haus. Es ist sehr dunkel. So dunkel, dass du nichts darin erkennen kannst. Du ertastet eine Türklinke. Es ist die Terrassentür. Du möchtest frische Luft schnappen. Also öffnest du sie und trittst nach draußen. Auch hier ist es dunkel. Das macht dir nichts. Du gehst weiter und stehst im Garten.

1. Hier draußen tobt ein schwerer ***Sturm***. Du spürst wie der Wind über deinen Körper fegt.
(Wischen Sie mit Ihren Handflächen in Kreisbewegungen über den Körper des Kindes. Ausgehend von der Wirbelsäule streichen Sie mit sanftem Druck zu den Rippen hin. Das Kind soll das Gefühl erhalten, der Sturm würde heftig nach rechts und links von seiner Wirbelsäule wegwehen.)

2. Du merkst, wie jetzt auch noch ein heftiger ***Regen*** einsetzt.
(Ahmen Sie mit Ihren Fingern Regentropfen nach. Diese können stark oder schwach auf den Körper „niederregnen".)

3. Du bist jetzt schon ganz nass. Aber du möchtest noch nicht ins Haus zurück. Du möchtest lieber noch den Garten erkunden. Es ist stockdunkel hier. Das macht dir nichts. Du tastest dich durch den Garten. Du siehst zwar nicht die Sträucher und Bäume, aber du spürst die ***Äste*** und ***Zweige***, die deinen Körper berühren. Manche sind groß und dick, manche klein und sehr dünn.
(Hier können Sie unterschiedlich massieren. Sie können sowohl Ihre Hände und Finger einsetzen, als auch Ihre Unterarme. Sie können mit Ihren Fäusten oder mit Ihrem Unterarm dicke Äste „erzeugen". Mit Ihren Fingern bzw. nur mit einem oder zwei machen Sie dünne Zweige nach.)

4. Jetzt reicht dir der Rundgang durch den Garten. Du gehst zurück zur Terrasse. Du betrittst wieder das Haus. Es ist völlig dunkel hier drin. Du tastest dich vorsichtig vor. Es riecht sehr modrig hier. Überall sind ***Spinnweben***. Du spürst sie überall. Du tastest dich durch das Haus. Deine Hände erfühlen ein Treppengeländer. Du gehst vorsichtig hoch. Du möchtest wissen, was sich im oberen Teil des Hauses befindet.
(Streichen Sie mit den Fingerspitzen ganz sanft und leicht insbesondere über Gesicht und Arme des Kindes.)

5. Jetzt bist du oben. Du stehst vor einem Raum. Du gehst rein. Deine Augen haben sich an die Dunkelheit gewöhnt. Ganz hinten in einer Ecke siehst du etwas, kannst es aber nicht genau erkennen. Du kannst es nur ungefähr erahnen. Es sieht aus wie ein Monster oder ein Roboter.

Langsam kommt dieses Robotermonster auf dich zu. Es freut sich über deinen Besuch, denn es war jahrelang allein. Das Robotermonster will wissen, wie du aussiehst. Da es schlecht sehen kann, tastet es dich langsam mit seinen Roboterhänden ab.

(Bei dieser Massage bietet sich der Einsatz eines batteriebetriebenen Massagegerätes an. Dieses erzeugt einen anderen Berührungsreiz beim Kind. Außerdem wird die Vorstellung, dass ein Robotermonster diese Massage durchführt, durch das Geräusch des Massagegerätes verstärkt. Erfahrungen zeigen, dass Kinder diese Massage als sehr angenehm empfinden. Planen Sie deshalb genug Zeit ein.)

6. Nachdem das Robotermonster dich genug erkundet hat, verspürst du den Wunsch, das Haus zu verlassen. Du gehst aus dem Raum und kommst wieder zum Treppengeländer. Du steigst die Stufen hinab. Du spürst wieder die ***Spinnweben***, die Dich berühren.
(Wiederholen Sie Massagebeispiel 4.)

7. Du bist jetzt unten angelangt. Du gehst zum Ausgang und verlässt das unheimliche Haus. Draußen hat es aufgehört zu regnen und zu stürmen. Es weht nur noch ein angenehmer leichter Wind.
(Streichen Sie mit Ihren Händen in Kreisbewegungen mit leichtem Druck über den Körper des Kindes.)

Bewegungsspiele für den Herbst

Blätter hüten

■ Markieren Sie mit einem langen Seil oder mit Kreide einen großen Kreis auf dem Boden. Das ist der Laubberg. Nun bitten Sie alle Kinder, sich in den Kreis zu stellen und einen Laubwächter zu bestimmen. Alle anderen sind die Blätter eines großen Laubhaufens, die vom Wind weggepustet werden. Sie gehen, hüpfen oder laufen von ihrem Laubberg weg, so oft sie wollen. Schnell kehren sie aber wieder dorthin zurück, um nicht vom Laubwächter gefangen zu werden. Hat der Laubwächter ein Blatt gefangen, werden die Rollen getauscht.

Herbstbäume

■ Eine Hälfte Ihrer Kindergruppe stellt Herbstbäume dar. Sie suchen sich im Raum einen Platz, mit dem sie dann fest verwurzelt sind. Die anderen Kinder stellen sich an einer Seite des Raumes auf. Sie müssen zur anderen Seite gelangen, ohne von den Bäumen berührt zu werden. Das ist gar nicht so einfach, weil diese sich im starken Herbstwind hin- und herbewegen. Die Kinder, die berührt werden, scheiden aus. Wer schafft es, unbehelligt auf die andere Seite?

Herbstlaub

■ Bilden Sie zwei Gruppen. Die Kinder der einen Gruppe stellen ein Netz dar, mit dem die heruntergefallenen Blätter gesammelt werden. Dazu halten sie sich an den Händen. Die anderen Kinder spielen die Blätter, die zuerst ruhig auf dem Boden liegen. Auf Ihr Zeichen setzt starker Wind ein. Die Blätter wirbeln nun im ganzen Raum herum. Das Netz versucht, möglichst viele Blätter zu sammeln. Dazu muss es sich zu einem Kreis zusammenfinden. Ansonsten kann das Blatt immer entwischen. Die eingefangenen Blätter werden Teil des Netzes. Wer wird nicht vom Netz gefangen?

Herbststurm

■ Die Kinder sitzen in einem großen Kreis auf dem Boden. Sie sind der Sturm, der heftig über das Land fegt und Gegenstände umher wirbeln lässt. Ein Ball wird stellvertretend für die herumwirbelnden Gegenstände eingesetzt. Die Kinder rollen sich den Ball nun gegenseitig zu, während eines in der Mitte steht und sich durch Hochspringen vor den „umherfliegenden“ Sachen retten muss. Wird es vom Ball berührt, darf ein anderes Kind sein Glück in der Mitte probieren.

Zauberwind

■ Die Kinder gehen durch den Raum, während Sie mit dem Tamburin den Bewegungsrhythmus und die Schnelligkeit angeben. Gleichzeitig rufen Sie: „Es eilt herbei der Zauberwind und macht Euch zu wirbelnden Blättern geschwind.“

Bei dieser Aufforderung laufen die Kinder durch den Raum. Zwischendurch schlagen Sie einmal kräftig und stoppen den Rhythmus danach ganz. Dies ist das Zeichen, dass der Zauberwind aufgehört hat zu wehen und die wirbelnden Blätter auf den Boden fallen. Das Spiel geht weiter, wenn der Zauberwind wieder einsetzt.

„Wettermacher, wie stark bläst der Wind?“

■ Ein Kind, das den Wettermacher spielt, steht auf der anderen Seite des Spielfeldes. Die anderen Kinder sind mindestens zehn Meter von ihm entfernt und rufen: „Wettermacher, wie stark bläst der Wind?“ Der Wettermacher antwortet „ein wenig“, „sehr stark“, „heftig“ oder „stürmisch“. Nun fragen die Kinder: „Wie sollen wir hinüber kommen?“ Der Wettermacher nennt die Fortbewegungsart, die alle, auch der Wettermacher ausführen müssen. Die Kinder versuchen nun, auf die andere Seite des Spielfeldes zu gelangen, ohne vom Wettermacher berührt und somit gefangen zu werden. Dieser darf allerdings nicht zurücklaufen, um die Kinder zu fangen. In der nächsten Runde sind die angeschlagenen Kinder die Gehilfen des Wettermachers. Das Kind, das als letztes angeschlagen wird, ist beim nächsten Spiel der Wettermacher.

Die Blätterhexe

■ Ein Kind spielt die Blätterhexe und stellt sich mit seinem Besen in die Mitte des Spielfeldes. Die anderen Kinder sind die Blätter. Sie haben sich in Gruppen aufgeteilt und in die Ecken des Spielfeldes gestellt.

Nun fliegt die Blätterhexe in eine Ecke und verhext alle Blätter. Die müssen nun alles nachmachen, was die Blätterhexe ihnen vormacht, z.B. tanzen, durch die Gegend wirbeln, sich drehen, zu Boden fallen. Fliegt die Blätterhexe wieder weg und in eine andere Ecke, sind diese Blätter erlöst und die anderen Blätter verhext.

Herbststurm und Herbstwind

■ Malen Sie eine Linie auf den Boden oder legen eine lange Schnur dorthin. Die Kinder stellen sich in einer Reihe hintereinander seitlich zur Linie. Die Linie markiert die Grenze zwischen den Bereichen Herbststurm und Herbstwind. Nun sagen Sie abwechselnd die Namen der Bereiche (Herbststurm und Herbstwind). Die Kinder stellen sich auf die richtige Seite der Linie. Wer zu langsam ist oder sich auf die falsche Seite stellt, scheidet aus. Das Kind, das als letztes übrig bleibt, ist der Gewinner.

Der Weg zum Winterquartier

■ Die Kinder verwandeln sich in Tiere, die sich zum Winterschlaf in ihre Behausung begeben. Auf dem Weg lauern jedoch einige Gefahren.
Alle Kinder stellen sich an der Startlinie auf, während Sie auf der etwa 30 Meter entfernten Ziellinie Position beziehen. Sie sind der Beschützer der Tiere. In einer Hand halten Sie ein grünes Tuch, in der anderen ein rotes Tuch. Heben Sie das grüne Tuch hoch, haben die Tiere freie Bahn und besteht keine Gefahr. Heben Sie das rote Tuch, droht Gefahr. Alle Tiere müssen sofort stehen bleiben. Missachtet ein Tier Ihr Zeichen, muss es zurück zur Startlinie. Gewonnen hat das Tier, das als erstes die sichere Ziellinie erreicht.
Bevor Sie mit dem Spiel beginnen, überlegen Sie mit den Kindern, welche Tiere in ihr Quartier gehen und wie sie sich fortbewegen, z.B. kriechend, krabbelnd, laufend.

Geschicklichkeitsspiele zum Herbst

Wie sicher ist der Windschutz?

■ Die Kinder stehen mit gespreizten Beinen im Kreis, sodass die Füße die des Nachbarn berühren. Sie spielen den Windschutz. D.h. sie versuchen zu verhindern, dass der Wind alles durch die Gegend pustet. Ein Kind steht in der Kreismitte. Das ist der Herbststurm. Dieser versucht ein Blatt - einen dicken Ball - durch die Beine eines Kindes zu werfen. Zur Abwehr dürfen die Kinder nur ihre Hände benutzen, ohne dabei die Knie zu beugen. Wer den Ball durchlässt, wird zum neuen Herbststurm und muss in die Mitte.

Apfelstechen

■ Vergraben Sie Äpfel im Sand (evtl. in einer großen Wanne). Geben Sie den Kindern einen Schaschlikspieß. Damit stechen sie einmal in den Sand. Treffen sie einen Apfel, gewinnen sie einen kleinen Preis. Dieses Spiel eignet sich gut für ein Apfelfest oder Ähnliches.

Blätterhaufen

■ Legen Sie Teppichfliesen - Blätterhaufen - in kleineren Abständen im Raum aus. Die Kinder springen von Blätterhaufen zu Blätterhaufen, dürfen aber nicht daneben treten. Wer daneben tritt, muss ausscheiden.

Variation: Bestimmen Sie ein Kind als Fänger. Es darf - wie alle anderen auch - nur von Blätterhaufen zu Blätterhaufen hüpfen. Trifft es dabei auf ein Kind, muss dies ausscheiden. Das Kind, das als letztes angeschlagen wird, ist der nächste Fänger.

Orkan und Taifun

■ Stellen Sie eine Turnbank so auf, dass die Sitzfläche auf dem Boden liegt. Jeweils zwei Kinder spielen Winde, z.B. Orkan und Taifun. Diese Winde treten gegeneinander an, um zu sehen, wer am „stärksten“ ist. Dazu balancieren sie auf der Bank aufeinander zu. Eine Hand halten sie auf dem Rücken. Mit der anderen versuchen sie, ihr Gegenüber sanft - aber bestimmt - so anzustupsen, dass dieses sein Gleichgewicht verliert. Das Kind, das dem Orkan oder Taifun standhält bzw. am längsten oben bleibt, hat gewonnen.

Staffelspiele

Die Laubsauger

■ Bilden Sie zwei Gruppen und geben Sie jeder einen mit Blättern gefüllten Topf. Einen zweiten - allerdings leeren - Topf stellen Sie ca. zehn Meter vor jeder Gruppe auf. Jedes Kind bekommt einen Strohhalm, mit dem es die Blätter ansaugen und in den leeren Topf transportieren soll. Gewonnen hat die Gruppe, die nach zehn Minuten die meisten Blätter vom gefüllten in den leeren Topf gebracht hat.

Kartoffelduell

■ Für dieses Staffelspiel benötigen Sie viel Platz. Es eignet sich daher gut für draußen.
Jeweils zwei Kinder treten gegeneinander an. Jedes Kind bekommt in die eine Hand einen Löffel und in die andere eine Kartoffel auf dem Löffel. Nun gilt es mit dem leeren Löffel die Kartoffel des Gegenüber hinunterzuwerfen, ohne seine eigene zu verlieren. Gewonnen hat das Kind, das zuerst die Kartoffel seines Gegners abgeworfen hat.

Mumien

■ Die Kinder finden sich paarweise zusammen. Eines ist die Mumie und eines der Mumienwickler. Geben Sie den Mumienwicklern Toilettenpapier und erteilen Sie den Mumien die Anweisung, gerade und ruhig zu stehen, die Arme an den Seiten hängen zu lassen und die Füße dicht nebeneinander zu stellen. Wenn Sie das Startzeichen gegeben haben, wickeln die Mumienwickler so schnell wie möglich ihre Mumie von Kopf bis Fuß in Toilettenpapier ein. Sie dürfen keine freien Stellen hinterlassen und müssen aufpassen, dass das Papier nicht reißt. Gewonnen hat das Paar, dessen Mumie am schnellsten verpackt ist.

Rund um die Spinne

Spinnen würfeln

■ Jedes Kind erhält ein Blatt Papier und einen Stift. Nachdem sich jedes Kind eine Zahl zwischen eins und sechs ausgesucht hat, malt es diese zunächst mit Bleistift auf sein Blatt. Gelingt es dem Kind die Zahl zu würfeln, malt es nach und nach eine Spinne auf sein Blatt. Für jeden richtigen Treffer dürfen die Kinder ihre Spinne Stück für Stück vervollständigen. Die Kinder malen zuerst den Körper, dann den Kopf, danach die Greifer und zum Schluss die Beine. Gewonnen hat, wer seine Spinne zuerst fertig hat.

Spinnennetz

■ Alle Kinder sitzen im Kreis. Ein Kind hat ein Wollknäuel in der Hand. Dies wirft es einem anderen zu, hält aber das Ende des Fadens während des ganzen Spiels fest. Das Kind, welches das Knäuel auffängt, hält den Faden fest und wirft die Wolle wiederum einem anderen zu. Sind alle einmal an der Reihe gewesen, ist das Spinnennetz fertig. Wichtig dabei ist, dass kein Kind seinen Faden loslässt. Variante: Nachdem das Spinnennetz fertig ist, wird das Wollknäuel in genau derselben Reihenfolge wieder zurückgeworfen. Das Kind, das die Wolle fängt, wickelt sie auf und wirft sie dann dem nächsten zu. Das Spiel ist beendet, wenn das Kind, das begonnen hat, die aufgewickelte Wolle wieder in seinen Händen hält.

Spinnenwache

■ Die Kinder bilden einen Kreis. Ein Kind - die Spinne - sitzt mit verbundenen Augen in der Mitte und wartet auf sein Opfer. Zeigen Sie auf ein Kind des Kreises, das als Fliege auf allen vieren zur Mitte schleicht. Dieses muss nun einmal vorsichtig um die Spinne herum und wieder auf seinen Platz zurückgehen. Wenn die Spinne etwas zu hören meint, zeigt sie in die vermutete Richtung. Befindet sich dort die Fliege, muss diese nun den Platz der Spinne einnehmen. Zeigt die Spinne in die falsche Richtung, darf weiter geschlichen werden.

Bewegungsspiele zu Halloween

Die Geister kommen ...

■ Ein Kind steht an der Ziellinie und dreht den anderen - den Geistern - den Rücken zu, die etwa fünf Meter von ihm entfernt sind. Es beginnt langsam zu zählen, während sich die Geister mit der entsprechenden Anzahl von Schritten nähern. Sobald das Kind aufhört zu zählen, dreht es sich schnell um. Die Geister bleiben sofort stehen und erstarren.
Das Kind sagt, welche Geister nicht ganz stillstanden. Diese müssen zurück zur Startlinie. Der Geist, der zuerst an der Ziellinie ankommt, hat gewonnen und löst das Kind ab.
Variation: Anstatt zu zählen, kann das Kind in die Hände klatschen.

Gespenster und Fledermäuse

■ Die Kinder bilden zwei Kreise, einen inneren und einen äußeren.
Im äußeren Kreis stehen die Kinder aufrecht mit gespreizten Beinen. Das sind die Gespenster. Im inneren Kreis sitzen die Kinder, so dass jedes vor einem Gespenst seinen Platz hat. Das sind die Fledermäuse.
Auf ein Signal „fliegen" die Fledermäuse durch die Beine der Gespenster, laufen um den Kreis und setzen sich wieder auf ihren Platz. Wer zuerst sitzt, hat gewonnen.

Das Kürbismonster

■ Zeichnen Sie mit weißer Kreide einen großen Kreis von ungefähr zwei Metern Durchmesser auf den Boden. Wählen Sie ein Kind, es ist das „Kürbismonster im Loch". Alle anderen Kinder laufen um den Kreis herum und rufen: „Kürbismonster im Loch, fang uns doch!" Das eine oder andere Kind flitzt immer mal wieder so schnell wie möglich durch das Loch. Das Kürbismonster versucht, die Kinder zu fangen oder wenigstens zu berühren. Übertritt es dabei die Kreidelinie, muss es gleich ausscheiden. Wer vom Kürbismonster gefangen wird, muss ebenfalls ausscheiden. Das Spiel ist zu Ende, wenn nur noch ein Kind übrig ist. Dieses darf dann beim nächsten Mal das Kürbismonster sein.

Darstellungsspiele zu Halloween

Gruselige Mitmachgeschichte

■ Erzählen Sie eine Mitmachgeschichte. Fantasieren Sie gemeinsam mit den Kindern und spielen Sie die Geschichte.

- Der Weg zum Gruselschloss führt durch einen großen dunklen Wald, der so dicht bewachsen ist, dass sich alle mit den Händen den Weg freimachen müssen.
- Ein Graben muss überwunden werden, alle müssen vorsichtig darüber klettern.
- Eine Höhle wird erforscht. Alle bleiben dicht zusammen. Die Kinder gucken vorsichtig in imaginäre Höhlen und ducken sich schnell vor Fledermäusen.
- Sie treffen auf Gespenster und fliegen ihnen hinterher. Mal schnell, mal langsam, mal in Kurven.

Verwandlungsspiel

■ Die Kinder bewegen sich im Raum und verwandeln sich auf Ihr Zeichen in Monster, Geister, Fledermäuse, Vampire oder Mumien. Die Kinder probieren sich in unterschiedlicher Gestik, Mimik und Geräuschen aus. Entscheiden Sie mit vorher vereinbarten Zeichen, wie lange die Verwandlungen andauern.
Variation: Erzählen Sie eine Halloweengeschichte, in der verschiedene gruslige Rollen vorkommen. Die Verwandlung der Kinder tritt immer ein, wenn sie den jeweiligen Begriff hören.

Monsterfangen

■ Die Kinder stellen sich zu zweit hintereinander auf, sodass im ganzen Raum viele Paare stehen. Das vordere Kind ist die „Prinzessin“, hinter ihr steht das „Monster“. Ein Paar beginnt, indem das Monster „monstermäßig“ schreiend und wild gestikulierend der schreienden Prinzessin hinterherläuft und versucht, sie zu fangen. Ist das Monster schneller, wechseln sofort die Rollen. Die Prinzessin wird zum gefährlichen Monster, das vorherige Monster zur erschreckten Prinzessin.
Diese kann sich retten, indem sie sich vor ein anderes Paar stellt. In dem Fall verwandelt sich das hinten stehende Kind in das Monster und das andere Kind muss nun flüchten und versuchen sich zu retten. Je Furcht einflößender sich das Monster bewegt und Geräusche von sich gibt und je ängstlicher und aufgeregter die Prinzessin flüchtet, desto mehr Spaß macht das Spiel.

Spiele mit der Taschenlampe

Das Lichtungeheuer

■ Alle Kinder sitzen in einem Raum, der so abgedunkelt ist, dass kein Licht einfällt. Schicken Sie ein Kind vor die Tür. Geben Sie dann einem anderen Kind eine Taschenlampe. Es ist das Lichtungeheuer. Alle gehen nun langsam und vorsichtig durch den Raum und machen unheimliche leise Geräusche. Das Kind mit der Taschenlampe leuchtet sich nun ab und zu von unten in das Gesicht und zieht schaurige Grimassen. Das Kind, das draußen war, muss nun erraten, wer das Lichtmonster ist. Ist es erkannt, darf es als nächstes vor die Tür.

Zauberlichter

■ In dem abgedunkelten Raum läuft die Hälfte der Kindergruppe herum. Die anderen Kinder stehen auf Bänken und bilden einen Kreis. In der Hand halten sie jeweils eine Taschenlampe, mit der sie auf den Boden strahlen. Die Kinder, die herumlaufen, versuchen in ein Zauberlicht zu gelangen. Leider kann es dort nicht lange verweilen. In dem Moment, in dem es in einem Zauberlicht ist, schaltet das Kind mit der Taschenlampe sofort das Licht aus und strahlt dann eine andere Stelle auf dem Boden an. Nach einiger Zeit wechseln die Gruppen. Die Kinder, die gelaufen sind, erhalten die Taschenlampen und schaffen Zauberlichter, in die nun die anderen gelangen müssen.

Schattenmonster

■ Bei diesem Spiel sitzen die Kinder in einem abgedunkelten Raum vor einer freien Wand oder einem Betttuch. Stellen Sie eine Lampe mit hoher Leuchtkraft oder einen Diaprojektor so vor die Wand, dass diese angestrahlt wird. Die Kinder probieren nun mit ihren Fingern und Händen aus, welche Schattengestalten an der Wand entstehen.
Variation: Die Kinder lassen unheimliche Gebilde und Gestalten an der Wand erscheinen. Je schauriger diese aussehen, um so besser. Die Schatten erscheinen durch Geräusche noch gruseliger.

Kinder, die sonst Dunkelheit vermeiden, werden ermutigt, sich damit und ihren eventuellen Ängsten auseinanderzusetzen. Sie erhalten die Möglichkeit, ihre Ängste mit Mutproben und Spielen abzubauen.

Spiele im Dunkeln

Wer versteckt sich unter der Decke?

■ Ein Kind verlässt den Raum und darf erst wieder hineinkommen, wenn Sie ein Zeichen geben. Während es draußen wartet, wählen Sie gemeinsam mit den Kindern ein anderes Kind aus, das sich unter einer Decke versteckt. Die übrigen tauschen ihre Plätze. Das unter der Decke versteckte Kind macht unheimliche und gruselige Geräusche. Das Kind, das draußen gewartet hatte, muss erraten, wer das wohl sein könnte.
Variation: zwei oder drei Kinder verstecken sich unter der Decke und müssen herausgefunden werden.

Partner finden

■ Bereiten Sie kleine Kärtchen vor, auf die Sie verschiedene Zeichen aufmalen, z.B. Gespenster, Fledermäuse, Wölfe, Spinnen. Jedes Kärtchen bereiten Sie doppelt vor.
Jedes Kind zieht nun eine Karte und merkt sich sein Zeichen, ohne es den anderen zu verraten. Nun muss jedes Kind seinen Partner finden, indem es sein Zeichen durch Pantomime darstellt. Alle Kinder bewegen sich durch den Raum ohne Geräusche zu machen, denn sie dürfen sich nur an der Bewegungsart erkennen.
Variation: Die Kinder finden sich paarweise zusammen und vereinbaren ein gruseliges Geräusch. Dann stellt sich eines der beiden Kinder auf die andere Seite des Raumes. Auf Ihr Startsignal versucht das jeweilige Kind mit geschlossenen Augen seinen Partner zu finden. Das wartende Kind macht unaufhörlich das vereinbarte Geräusch und lockt somit seinen Partner zu sich. Gewonnen hat das Paar, welches als erstes - ohne zu schummeln - wieder zusammen ist. Danach wechseln die Rollen und evtl. auch die vereinbarten Geräusche.

Die herbstliche Ernte- und Gruselparty

Je nachdem, welchen Schwerpunkt Sie im Laufe des Projektes herausgearbeitet haben, können Sie nun mit den Kindern den festlichen Höhepunkt schaffen.

Mit künstlerischem Gestalten wird der Raum herbstlich und eventuell sogar etwas gruselig. Möglichkeiten bieten sich viele. Ein Kartoffelfest, ein Apfelfest oder ein Fest der Früchte des Herbstes, ein Lichterfest oder eine Halloweenparty. Hier sind Ihrer Fantasie keine Grenzen gesetzt.

Wenn Sie das Fest durchführen, können Sie die Spiele und gestalterischen Elemente der vorhergehenden Seiten gut nutzen.

Beteiligen Sie die Kinder an der Entscheidung für die Festgestaltung und an der Auswahl der Schwerpunkte.

Einladung

Kein Fest ohne Einladung! Für ein Herbstfest eignet sich besonders gut ein Blatt, jahreszeitliches Obst oder eine Fledermaus.

Ideen für eine festliche Dekoration

Strohballen als Deko

■ Fragen Sie einen Bauern nach Strohballen und stellen Sie diese mit einigen herbstlichen Blumen geschmückt im Eingangsbereich auf.

Ähren als Gestaltung
Denken Sie rechtzeitig daran, sich Ähren für die herbstliche Dekoration zu besorgen. Am besten Sie fragen einen Bauern, ob Sie sich auf seinem Feld einen Strauß abschneiden dürfen. Beachten Sie dabei, dass die Ähren noch grün sind, wenn sie abgeschnitten werden, damit sie nicht so schnell zu rieseln beginnen.

Herbstblätter und Kastanien

■ Als herbstliche Deko können Sie auch einige getrocknete Blätter, Kastanien und Eicheln auf den Tischen verteilen.

Laternen

■ Auf jedes Herbstfest gehören natürlich Laternen. Ob Sie diese unter die Decke hängen oder als kleine Tischlaternen aufstellen, entscheiden Sie.
Ein schöner Blickfang sind mit Sand gefüllte Gläser, in die jeweils eine Kerze gesteckt wird. Der Sand sorgt dafür, dass die Kerze nicht umfällt oder - falls doch - ihre Flamme gleich erlischt. Die Windlichter können Sie um eine Sandkiste herum aufstellen.

Tischdecken im Herbstmotiv

■ Nehmen Sie einen Stempel mit einem Herbstmotiv und ein Blatt Papier. Nun können die Kinder den Rand des Papiers mit herbstlichen Motiven stempeln. Dies ist eine schöne Tischdekoration.

Trinkhalm- Merker

■ Wollen Sie beim Fest Trinkhalme verwenden? Achten Sie darauf, dass diese nicht verwechselt werden.
Gute Helfer zur Vermeidung von Verwechslungen sind Trinkhalm-Merker. Sie können diese ganz einfach aus Pappe selbst herstellen.
Überlegen Sie sich ein Motiv (Apfel, Kürbis o.Ä.) und übertragen Sie dies auf Pappe. Ritzen Sie es in der oberen und in der unteren Hälfte ein und stülpen Sie es anschließend über einen Strohhalm.

Präsentation der Forschungsergebnisse
Nutzen Sie das Fest, um die Forschungsergebnisse der Kinder vorzustellen. Planen Sie genug Zeit ein, damit die Kinder ihre Ergebnisse ohne Hast präsentieren und dazu etwas erzählen können. Sie können aber auch einen Stand aufbauen, an dem die Besucher die Ergebnisse begutachten können.

Spiele

Wettspiel

■ Holen Sie von einem Bauern oder von einer Sackfabrik echte Kartoffelsäcke. Damit Sackhüpfen zu spielen, ist für Kinder immer ein tolles Erlebnis.

Kartoffellauf

■ Hierfür brauchen Sie zwei Holzlöffel und zwei Kartoffeln. Auch dieses Spiel ist ein sehr altes und bereitet den Kindern noch heute viel Freude. Mit Kartoffeln auf den Löffeln laufen die Kinder eine Strecke und müssen dabei eventuell sogar Hindernisse überwinden. Wer zuerst mit der Kartoffel auf dem Löffel am Ziel ankommt, hat gewonnen.

Wettbewerb größte und kleinste Kartoffel

■ Gestalten Sie mit den Kindern einen Wettbewerb. Die Kinder sollen von zu Hause die größte oder auch die kleinste Kartoffel mitbringen. Eine Jury entscheidet, welche der mitgebrachten Kartoffeln tatsächlich die größte bzw. kleinste ist. Diese beiden erhalten dann jeweils einen Preis.

Das besondere Buffet

Zu einer Party gehört ein Buffet. Im Herbst darf dieses entsprechend dem Thema ruhig etwas schaurig sein. Die Elemente des Buffets sind zwar genießbar, können aber trotzdem ein leichtes Schaudern verursachen. Wenn Sie mit den Kindern die verschiedenen Buffetideen überlegen und umsetzen, werden Berührungsängste und Ablehnung vor den ungewöhnlich aussehenden Lebensmitteln vermieden. Gleichzeitig bekommen die Kinder einen stärkeren Bezug zur Party.

Die Stimmung macht's!

Egal wie gut Ihre „gruselinarischen" Ideen oder Rezepte auch sein mögen: Bei heller Beleuchtung und im normalen Rahmen wird alles sehr nüchtern aussehen. Für entsprechendes Flair beim Gruselbuffet ist auch die Atmosphäre entscheidend. Nervös flackerndes Kerzenlicht (Gläser mit Teelichtern - bieten mehr Sicherheit als offenes Feuer) oder rötliche/grünliche Beleuchtung (rote und grüne Glühbirnen) lassen selbst „normale Speisen" unheimlich aussehen.

Reis

■ Die Maden-Simulation schlechthin - sowohl in Masse, als auch einzeln verstreut, sieht Reis eklig madig aus.

Totenköpfe

■ Hierzu nehmen Sie ein paar (weiße) Schokoküsse und malen Sie diesen mit Zuckerfarbe Augenhöhlen auf.

Der Spinnenkuchen

■ Das kann der Lieblingskuchen der Kinder sein. Hauptsache er ist mit Spinnweben aus Zuckerguss und Spinnen aus Schokoglasur verziert.

Der vegetarische Vampirsalat

■ Servieren Sie einen ganz normalen Obstsalat mit besonderen Zutaten: Blutorangen, Himbeeren, Brombeeren, Heidelbeeren, rote Trauben, Pflaumen, Erdbeeren, also lauter rote und blaue Früchte. Lassen Sie die Kinder die Obstsorten aussuchen.

Melone mit Gesicht und Würmern

■ Eine Honigmelone wird längs geteilt und ausgehöhlt. Auf eine oder beide Melonenschalen wird ein Gesicht vorgemalt und dann hineingeschnitzt. Dieses „Gesicht" wird nun so dekoriert, dass es aussieht, als kämen aus allen Löchern Würmer gekrochen. Dass es sich hierbei um Weingummiwürmer handelt, kommt den Kindern sehr entgegen.

Riesenspinnen

Für jede Riesenspinne werden folgende Zutaten benötigt:

- 2 runde Cracker
- 2 Teelöffel Erdnussbutter, Nussnougatcreme o.Ä.
- 4 Salzstangen
- 2 Rosinen

■ Die Kinder bestreichen einen Cracker mit Erdnussbutter und legen dann einen zweiten darauf. Danach halbieren sie die Salzstangen und stecken vier Hälften als Spinnenbeine in jede Seite des Cracker-Sandwiches. Zum Schluss kleben die Kinder mit etwas Erdnussbutter die beiden Rosinen als Augen an der Vorder-Oberseite fest.

Die Herbstküche

Apfelmus

■ Stellen Sie mit den Kindern Apfelmus her und lassen Sie sie mithelfen. Die Kinder können die Äpfel schälen und nach dem Kochen pürieren.

Backkartoffeln

■ Für dieses leckere Gericht müssen die Kinder nur einige frische Kartoffeln abwaschen, in der Hälfte durchschneiden und dann auf ein gefettetes Backblech legen. Nach einer Backzeit von ca. 20 Minuten bei 200 Grad können sie die Kartoffeln genussvoll verzehren.

Popcorn

■ In Zeiten, in denen der Mais auf den Feldern wächst, darf bei keinem Fest Popcorn fehlen. Hierzu besorgen Sie sich Popcornmais. Geben etwas Fett in einen Topf und erhitzen es. Eine Hand voll Popcornmais dazugeben und schnell den Deckel drauf. Wenn das Popcorn aufhört zu knallen, ist es fertig. Sie können das Popcorn auch in der Mikrowelle oder in einer Popcornmaschine herstellen. (Vielleicht können Sie sich diese von einem Elternteil ausleihen.) Der Vorteil der Maschine ist, dass die Kinder gut zusehen können, wie das Popcorn herausströmt. Außerdem benötigen Sie kein heißes Fett. Das Popcorn schmeckt dann viel natürlicher. Ob die Kinder Zucker oder Salz darüber streuen wollen, lassen Sie sie am besten selbst ausprobieren.

Süße Mäuse

Zutaten für ca. 10 Mäuse:

125 Gramm Magerquark
4 Esslöffel Milch
4 Esslöffel Öl
1 Ei
50 Gramm Zucker
1 Päckchen Vanillezucker
250 Gramm Mehl
1 Päckchen Backpulver
150 Gramm gemahlene Mandeln
Dekoration: 1 Eigelb, etwas Milch, Mandeln für die Ohren und Rosinen für die Augen

Zubereitung:

■ Die Kinder verrühren Quark, Milch, Öl, Ei, Zucker und Vanillezucker miteinander. Danach geben sie Backpulver, Mehl und Mandeln hinzu und kneten alle Zutaten zu einem glatten Teig. Sie formen zehn Mäuse und bringen als Schwanz eine dünne Teigrolle an. Nun verrühren sie Eigelb mit Milch und bestreichen jede Maus damit. Als Ohren stecken sie die Mandeln ein und für die Augen drücken sie Rosinen auf. Anschließend werden die Mäuse im vorgeheizten Backofen bei 200 Grad ca. 20 Minuten backen.

Herbstschloss für das Buffet oder für eine Schatzsuche

Solch ein Schloss könnte komplett aus Pappe oder aus Lebensmitteln (Kuchen und Keksen) erbaut werden. Es kann auch von Personen gebaut werden, die nicht so gern backen.

Zutaten:

4 fertige Marmorkuchen (dienen als Turm an jeder Ecke)
Löffelbiskuit
Baiserteilchen
Butterkekse

Zubereitung:

Die Fertigkuchen bilden die äußeren Türme und die Baiserteilchen die jeweiligen Spitzen. Die Mauer, die rundherum führt, wird aus mit Zuckerguss zusammengeklebten Löffelbiskuit erstellt. Das Tor ist aus Butterkeksen.

Stoffsammlung

Damit Sie die Übersicht behalten: Stellen Sie sich hier Ihr eigenes Projekt zusammen.

Forschen und Entdecken

Gestalten

Bewegen und Musizieren

Spielen

Feiern

Forscherausweis

Mit einem Forscherausweis bekommen die Forschungen eine viel größere Bedeutung für die Kinder. Sie fühlen sich anders in die Angebote ein und sind aktiver dabei.
Je größer der Ausweis, desto eher kann er auch genutzt werden, um Ergebnisse zu dokumentieren. Dies kann in unterschiedlicher Art geschehen: Sie befragen die Kinder zu den erlebten Forschungen und schreiben die Aussagen hinein. Die Kinder können ebenso zu ihren Forschungen malen.

FORSCHERAUSWEIS

Berechtigt zur Teilnahme am Forschen rund um den Herbst

FOTO

NAME DES FORSCHERS/DER FORSCHERIN

Folgende Forschungen werden durchgeführt:

- *Was kann ich beobachten, wenn Vögel fortfliegen?*
- *Was entdecke ich im Herbst am und im Boden?*
- …
- …
- …
- …

DATUM

UNTERSCHRIFT

Giftige Pflanzen im Herbst

Jedes Jahr im Herbst locken die Pflanzen mit ihren tollen Farben. Leider kommt es immer wieder vor, dass Kinder die lockenden Blüten und Früchte probieren. Nur sind diese mitunter auch giftig. Wissen schützt. Ganz besonders hier.
Lernen Sie mit den Kindern die giftigen Pflanzen kennen. Die hier genannten Früchte sollen eine Anregung sein. Ein gutes Pflanzenbuch wird Sie noch stärker bei der Aufklärung unterstützen.

Was müssen Sie im Notfall tun:

1. *Bewahren Sie Ruhe!*
2. *Versuchen Sie Folgendes herauszufinden:*
   - *Um welche Pflanze handelt es sich?*
   - *Hat das Kind Pflanzenteile gegessen?*
   - *Hat das Kind diese Pflanzenteile gekaut und/oder ausgespuckt?*
   - *Wieviele Pflanzenteile hat das Kind geschluckt?*
3. *Rufen Sie den Giftnotruf an. Wählen Sie die Vorwahl Ihres Aufenthaltortes und dann die Nummer 19240. Nennen Sie den Namen des Kindes, welche Pflanze es wo, wann und in welcher Menge gegessen hat. Wenn Sie die Pflanze nicht kennen, beschreiben Sie diese dem Berater so genau wie möglich.*
4. *Falls Ihnen die Weiterbehandlung des Kindes durch einen Arzt empfohlen wird oder Sie umgehend ins Krankenhaus müssen, nehmen Sie einen ganzen Zweig oder Blütenstand der entsprechenden Pflanze mit.*

Pflanze	Blütezeit	Reifezeit	Giftig	Symptome
Besenginster	leuchtend gelb von Mai bis September		Alles, besonders Blätter und Samen	Nach dem Verzehr kommt es zu Erbrechen, Leibschmerzen und Kreislaufstörungen
Bilsenkraut	Juni bis August an Wegrändern und Schutthalden		Alles, besonders der Samen	Heiße Haut, Schluckbeschwerden, Sehstörungen, Halluzinationen
Blauer Eisenhut	Juni bis August am Bachufer		Alles, besonders Früchte und Blätter	Brennen, Kribbeln im Mund, Ausbreitung über die ganze Haut, Wesensveränderung, Kollaps, Herzrhythmusstörungen
Eibe (Todesbaum)	Februar bis April	August bis Oktober	Alle Pflanzenteile	Erbrechen nach 1 Stunde, Schwindel, Durchfall, drohender Herz-Kreislauf-Schock
Einbeere	Mai bis Juni	Juli bis August	Beeren	Übelkeit, Erbrechen, Darmkrämpfe, Kopfschmerzen, Schwindel, kleine Pupillen
Fliegenpilz			Ungenießbar, besonders giftig	Manchmal sogar tödlich
Gefleckter Aronstab		Juni bis August in schattigen Wäldern	Alles, besonders Beere, Blüte, Knolle	Brennen, Rötungen, Schwellungen im Mund. Bei größeren Mengen Bauchschmerzen, Brechreiz, Durchfall

Giftige Pflanzen im Herbst

Pflanze	Blütezeit	Reifezeit	Giftig	Symptome
Gefleckter Schierling	Juni bis August an Wegrändern		Alles, besonders die Fruchtinnenwand	Blasenbildung auf der Haut, Kratzen im Mund, Sehstörungen, Herzrasen, Krampfanfälle, aufsteigende Lähmung
Goldregen	Mai bis Juni	August bis Oktober	Alles, besonders Samen und Hülsen	Erbrechen nach 1 Stunde, Übelkeit, Bauchschmerzen, Bewusstlosigkeit, Muskelzittern, Blutdruckanstieg bis Kollaps
Herbstzeitlose	August bis Oktober		Alles, besonders Samen und Blüte	Kratzen und Brennen im Hals, heftiges Erbrechen, Schweißausbrüche, Herz- und Kreislaufversagen, Atemlähmung
Liguster	Juni bis August	September bis Oktober	Alles, besonders die Beeren	Übelkeit, Erbrechen, Durchfälle, Krampfanfälle, Kreislaufstörungen
Maiglöckchen	Mai bis Juni	Juli bis August	Alles, besonders Blüte, Blatt, Samen	Übelkeit, Erbrechen, bei größeren Mengen, Herzrhythmusstörungen
Mutterkorn		Juli bis August Schmarotzerpilz vor allem in den reifenden Roggenkörnern	Alles	Übelkeit, Bauchschmerzen, Erbrechen, Durst, Unruhegefühl, Angst, große Pupillen, Durchblutungsstörungen mit Kribbeln an Fingern und Zehen
Oleander	Mai bis August		Alles, besonders Blätter	Übelkeit, Erbrechen, Koliken, Durchfälle, Herzrhythmusstörungen
Pfaffenhütchen	April bis Juni	August bis Oktober	Alles, besonders die Samen	Spontanes oder zeitlich spätes Erbrechen, Koliken, Durchfall
Roter Fingerhut	Juni bis September in Waldlichtungen		Alles, besonders Blatt und Samen	Übelkeit, Erbrechen bei größeren Mengen, Herzrhythmusstörungen
Schneeball, gemeiner	Mai bis Juli	September bis Oktober	Alle Pflanzenteile, und wolliger Schneeball, besonders die tödlichen Beeren	Hautreizungen bei Kontakt, bei Einnahme Erbrechen und Durchfall
Seidelbast	Februar bis April		Alles, besonders Blatt, Rinde, Samen	Hautrötungen und -schwellungen, Juckreiz, Blasenbildung, Brennen im Mund, Erbrechen, blutige Durchfälle, Krämpfe, Kollaps
Tollkirsche	Juni bis August	Juli bis Oktober	Alles, besonders die Beeren	Heiße Haut, Schluckbeschwerden, Sehstörungen, Halluzinationen, Herzbeschwerden

Wetterkalender (Kopiervorlage)

Der Herbst mit seinen wechselhaften Winden und seinem unbeständigen Wetter bietet eine gute Möglichkeit mit den Kindern genauere Wetterbeobachtungen zu machen.

- Erstellen Sie mit den Kindern einen Wetterkalender und zeichnen Sie für die verschiedenen Wetterverhältnisse das jeweils passende Symbol, z.B.

Sonnenschein =	Sonnenstrahlen
Bewölkter Himmel =	Wolken
Halb Sonne, Halb Wolken =	Wolke mit Sonne
Regen =	Regentropfen
Gewitter =	Blitz
Starker Wind =	Pustende Wolke

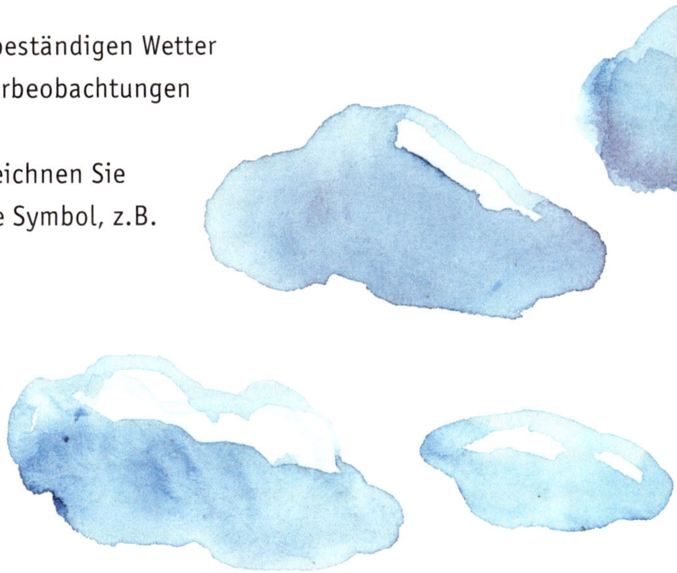

Montag	Dienstag	Mittwoch	Donnerstag	Freitag	Samstag	Sonntag

- Tragen Sie täglich gemeinsam mit den Kindern das entsprechende Wetter in den Wetterkalender ein.

Brauchtum und Feste im Herbst

22. September: Herbstanfang

Der Altweibersommer - auch Spätsommer genannt - ist die letzte, warme Hochdruckwetterphase des ganzen Jahres. Es ist fast windstill. Die Luft ist besonders klar. Die sommerliche Wetterlage leitet meistens im letzten Monatsdrittel bis Anfang Oktober zur winterlichen Witterung über. Trotz angenehmen warmen Temperaturen eines „schönen" Altweibersommers, kühlt es sich nachts empfindlich ab.

Das Erntedankfest am ersten Sonntag im Oktober

Das Erntedankfest wird am ersten Sonntag im Oktober gefeiert. Zum Fest gehören z.B. Segnung der Feldfrüchte, Flechten einer Erntekrone, Verschenken der geweihten Gaben an Bedürftige.
Erntefeste waren früher von besonderer Bedeutung mit sehr viel Brauchtum, zumal der größte Teil der Bevölkerung auf dem und vom Land lebten. Am Anfang und Ende der Ernte wurde der Erntewagen mit Erntekränzen geschmückt. Dieser wurde von Ernteliedern begleitet. War die Ernte eingebracht, wurde auf den letzten Erntewagen einen Erntehahn oder eine Puppe gesteckt, die mit den Bändern von der letzten Garbe gebunden waren. Die Mädchen schmückten sich mit Kornblumen im Hut.

31. Oktober: Halloween

Halloween ist in der Nacht vor Allerheiligen. Ursprünglich hieß es „Samhain" und war ein keltisch-angelsächsisches Fest. Es war eine Feier des Winteranfangs, ein Fest der Mächte der Dunkelheit sowie der Druiden. In Amerika gehen die Kinder als Gespenster verkleidet von Haus zu Haus und fragen die Leute: „Ein Streich oder Süßes?"

1. November: Allerheiligen

Allerheiligen ist seit dem 9. Jahrhundert das „Familienfest" der Kirche. Es wird der Tag der Heiligen und Seelen gefeiert. Auch als kultischer Festtag hat Allerheiligen eine große Bedeutung. Die Kelten begannen das Jahr im November und feierten am Monatsanfang ein großes Totenfest, für das die katholische Kirche die Feste Allerheiligen und Allerseelen setzte. Nach altem Glauben verlassen die Seelen der Toten ab Mittag das Fegefeuer und besuchen ihre alten Wohnungen bis zum morgigen Mittagsläuten, weswegen früher auch als Wegzehrung Brot und Wein auf die Gräber gestellt wurden. An Allerheiligen findet nachmittags eine Prozession statt. Die Geistlichen beten mit den Gläubigen auf den Friedhöfen, die Gräber werden mit Weihwasser gesegnet, und abends läuteten in den Gemeinden vielfach eine Stunde lang die Glocken. Viele zünden auf den Gräbern der Verstorbenen Kerzen und Laternen an.

10./11. November: Martinstag (St. Martin)

In manchen, vorwiegend protestantischen Gegenden wird der Martinstag schon auf den 10. November vorverlegt. An dem Tag ist der Geburtstag von Martin Luther.
Der heutige Martinstag ist der Festtag des Hl. Bischofs St. Martin, der mit einem Armen den Mantel teilte. Für die meisten Kinder ist der Martinstag der Auftakt zur Weihnachtszeit. Der traditionelle Martinsumzug findet vielerorts abends statt. Kinder ziehen mit ihren bunten Laternen durch die Straßen und singen Martinslieder. Zuvor wird eine Messe gehalten, in der oft Kinder die Legende nachspielen. Ein alter Brauch ist das Martinsfeuer, welches beim Niederbrennen übersprungen wird.

Literatur

Bilder- und Vorlesebücher

Bianka Minte-König/ Hans-Günther Döring, **Komm wir entdecken den Herbst**, Thienemann Verlag, Stuttgart 2000
Ein Bilder- und Mitmachbuch mit herausnehmbaren Erlebniskarten für Spiele und Bastelideen rund um den Herbst.

Pierrre-Marie Vallat, Pascal de Bourgoing, **Der Apfel und andere Früchte**, Verlag Bibliographisches Institut, Mannheim 1992
Dieses Sachbilderbuch beantwortet Kinderfragen auf lebendige und anschauliche Art und Weise. Das Besondere dieser Reihe: transparente Seiten, die Verdecktes sichtbar machen, das Innenleben der Dinge zeigen und Veränderungen veranschaulichen.

Susanne Riha, **Mein erstes Buch vom ganzen Jahr**, Annette Betz Verlag, Wien 1999
Auf kindgerecht großen Seiten gibt es einen Über- und Einblick in den Jahreslauf. Jeder Monat wird in Text und Bildern dargestellt. Besonders hervorzuheben sind die großflächigen, bunten Bilderseiten, die zum Entdecken, Wiedererkennen, Träumen, Erzählen und sogar zum Horchen und Schmecken einladen.

Sven Nordyvist, **Mit Findus durch das Jahr**, Verlag Friedrich Oetinger, Hamburg 1999
Der kleine Kater Findus und der alte Petterson werden durch das ganze Jahr begleitet. Von Januar bis Dezember basteln, pflanzen oder erforschen sie jeden Monat etwas Neues und Findus zeigt, wie man alles nachmachen kann.

Janosch, **Das Apfelmännchen**, Nord Süd Verlag, Hamburg 1991
Ein Mann hat einen Apfelbaum, der nie Früchte trägt. Dann, eines Tages, ist am Baum EINE Blüte. Sie wird zu einem Apfel, der wächst und wächst und wächst ...

Sybille von Olfers, **Etwas von den Wurzelkindern**, DTV München
Die Wurzelkinder brechen im Frühjahr aus der Geborgenheit des Winterschlafs unter der Erde auf. Sie ziehen als Blumen und Gräser mit den Käfern hinaus in die Welt. Hier bleiben sie den Sommer über, bis die Herbststürme sie wieder in die Erde zurücktreiben.

Bücher zum Thema

Barbara Cratzius, **Gespenster-Herbst**, Verlag Herder, Freiburg 1999

Gisela Walter, **Luft - Die Elemente im Kindergartenalltag**, Verlag Herder, Freiburg 1992

Sachbücher

Uschi Huber, Marion Kühnaß, **Die Halloween-Party**, Urania Verlag, Berlin 2000
Mit diesem Buch wird jede Halloween-Party zu einem schaurig-schönen Erlebnis, denn es enthält alles für die Vorbereitungen: Einladungskarten, Geschenkverpackungen und Dekorationsideen für drinnen und draußen.

Antje Neumann, Burkhard Neumann: **Waldfühlungen. Das ganze Jahr den Wald erleben**, Ökotopia Verlag, Münster 1999
In dem Buch werden für jeden Monat Spiele, Übungen und Rezepte vorgestellt. Außerdem erfährt man neben der Beschreibung und Verwendung von 14 einheimischen Baumarten viel Wissenswertes über die Rolle des Baumes in der Mythologie.

Kassetten / CDs

Manfred Bauer: **Neue Kinderlieder im Jahreskreis. Neue Lieder für Herbst und Winter**
Bestellungen: Lärchenstraße 11, 83083 Söllhuben, Tel.: 08036/564, Fax: 08036/1629, www.singvogel-musikverlag.de

Volker Rosin: **Itzibitz, die Liedermaus**
Itzibitz, die Liedermaus begleitet Kinder ab 2 Jahren durch die vier Jahreszeiten.
Bestellungen: www.rosin.de

Paul G. Walter/ Barbara Cratzius: **Der Herbst, der ist ein toller Mann**
Lieder für Kinder ab 3 Jahren.
Bestellungen: Musikbaer-Verlag, www.amazon.de

Internetadressen

http://www.wetter-mensch-natur.de
Auf dieser Seite gibt es viele Informationen über das Wetter, Mensch und Tier und über die Jahreszeiten.

http://www.halloween-clipart.com
Auf dieser Seite gibt es jede Menge kostenlose Cliparts zu Halloween.

http://members.chello.at/hhofer/halloween_kostueme-verkleidungen.htm
Das ist Profiarbeit höchster Qualität und bietet u.a. Anregungen zum hochbeliebten Werwolf-Kostüm.

http://www.stuttgarternachrichten.de/html/internet/halloween/halloween-online2.htm
Hier gibt es Sounds zu Halloween.

PeP
Projekte entwickeln für die Praxis

Impressum

Redaktion und Verlag
Cornelia Schönfeld
Brigitte Meister
Telefon 0761/2717-437
Fax 0761/2717-343
Verlag Herder
Hermann-Herder-Straße 4
79104 Freiburg i. Br.

Autorinnen dieser Mappe
Sandra Hänsch
Schuhstraße 11
31134 Hildesheim
Gabriele Wensky
Hasestraße 40
31137 Hildesheim

Illustrationen
Unen Enkh

Korrespondenz
Unverlangt eingesandte Manuskripte ohne Rückporto sowie Besprechungsexemplare werden nicht zurückgeschickt

Erscheinungsweise
jährlich 4 - 6 Ausgaben

Bezugspreise
jährlich im Abonnement DM 26,80 je Ausgabe
Einzelheft DM 29,80 je Ausgabe, alle Preise zzgl. Versandkosten

Satz und Gestaltung
Hella Design
Markus Hella
Katharinenstraße 16 A
79104 Freiburg

Druck
Freiburger Graphische Betriebe
Bebelstraße 11
79108 Freiburg-Hochdorf

Papier
Gedruckt auf chlorfrei gebleichtem Papier

Ausgabe 5/2001
zum Thema »Märchen« wird ab dem 13.11.2001 ausgeliefert

Bestellungen
Verlag Herder
Frau Mary Pohlmann-Berndt
79080 Freiburg
Telefon 0761/2717-244
Fax 0761/2717-249

ISSN 1436-5383
ISBN 3-451-73028-6